Leo M. Kohl | Stephanie Meer-Walter | Franca Peinel

WARUM VERSTEHEN MICH MEINE LEHRER NICHT?

LEHRERRATGEBER
FÜR KINDER IM AUTISMUS-SPEKTRUM

VERLAG DANIEL FUNK

Besuchen Sie uns doch im Internet!

www.verlag-daniel-funk.de

Bibliografische Information der Deutschen Bibliothek: Die Deutsche Bibliothek verzeichnet diese Publikation in der Deutschen Nationalbibliografie; detaillierte bibliografische Daten sind im Internet unter http://dnb.dnb.de abrufbar.

Aus Gründen der besseren Lesbarkeit wird im Text verallgemeinernd das generische Maskulinum verwendet. Diese Formulierungen umfassen gleichermaßen weibliche und männliche Personen; alle sind damit selbstverständlich gleichberechtigt angesprochen.

Der Umwelt zuliebe wurde dieses Buch nicht einzeln in Folie eingeschweißt.

2. Auflage April 2022 (1. Auflage März 2020)

Autor: Leo M. Kohl
Co-Autoren: Franca Peinel; Stephanie Meer-Walter

Lektorat: Verlag Daniel Funk
Satz & Layout: Verlag Daniel Funk
Covergestaltung: Jean-Pierre Schwarze | JPS Werbung
Druck & Herstellung: PRINT GROUP Sp. z o.o.
ul. Cukrowa 22, 71-004 Szczecin (PL)

ISBN: 978-3-9821736-0-3
Printed in the EU

INHALTSVERZEICHNIS

TEIL I: SCHÜLER UND MUTTER

TEIL II: LEHRERIN

Vorwort

Leo M. Kohl/Franca Peinel

Wir möchten Sie nicht mit Fachbegriffen bombardieren und Ihnen auch keine Anweisungen geben - dies steht uns gar nicht zu. Wir möchten Ihnen helfen, Autisten zu verstehen, denn sie „ticken" doch ein wenig anders, was im Allgemeinen nicht schwer zu übersehen ist. In diesem Buch werden wir anhand von ganz konkreten Beispielen erklären, warum sich Autisten oftmals anders als erwartet verhalten.

Alle drei Autoren sind Asperger-Autisten.
Sie sind die Pädagogen und die Experten für den Unterricht. Wir sind aufgrund unserer langjährigen Erfahrungen die Experten, was das Thema Autismus - speziell Asperger-Autismus - anbetrifft. Mit dem Anderssein zu leben, ist nicht immer einfach, ich würde schon fast sagen, es ist oftmals anstrengend. Unser Anliegen ist es, andere Menschen zu unterstützen, primär Kinder, indem wir Ihnen unsere Verhaltensweisen näherbringen. Es wird für Sie einfacher, mit Ihren autistischen Schülern umzugehen, wenn Sie wissen und verstehen, wie unser Gehirn funktioniert. Was wir können und was uns schwerfällt, vor allem aber, warum wir so ungewöhnlich in den verschiedenen Situationen reagieren. Wir möchten Ihnen einen Einblick in unsere Welt gewähren, sodass es Ihnen möglich wird, eskalierende Situationen zu vermeiden.

Kurz noch zur Gestaltung:

Im ersten Teil bleibt die Schriftart von Leo Kohl unverändert. In *kursiv* sind die Gedanken von ihm und den Kindern sowie Eltern, mit denen wir in Kontakt stehen, geschrieben. Wir begleiten seit mehreren Jahren autistische Schüler und Pädagogen im Inklusionsprozess.

In dieser Schriftart sind die Kommentare von seiner Mutter Franca Peinel.

Im zweiten Teil von Stephanie Meer-Walter bleibt die Schriftart ebenfalls unverändert.

Ich dachte mir, bevor ich Ihnen Tipps geben kann, mache ich mir selbst ein Bild von der derzeitigen Schulsituation. Geschrieben wird viel, Beschwerden gibt es auf allen Seiten. Doch wo liegen die Probleme und was kann man verändern?
Also habe ich mich auf den Weg gemacht, um das System Schule hautnah zu erleben. Verschiedene Schulen waren bereit, mir Einblicke in ihren Schulalltag zu gewähren. Bei denen ich mich auf diesem Wege noch mal ganz herzlich für das Vertrauen und die Offenheit bedanken möchte.
Das erste, was mir aufgefallen ist, ist, dass die Lehrer alles in Ihrer Macht Stehende versuchen, unter oftmals chaotischen Umständen, den Schülern einen guten Tag zu gestalten und den Unterrichtsstoff zu vermitteln. Doch auch den Lehrkräften, die noch keinen Zugang zu Kindern mit Besonderheiten gefunden haben - finden konnten -, möchten wir mit diesem Ratgeber helfen.

Und glauben Sie uns, wir wissen Ihre Arbeit zu schätzen und haben großen Respekt davor.

Zu Beginn werden wir Vorurteile ausräumen und Ihnen in einem kurzen fachlichen Teil erklären, wie und warum wir so anders sind. Danach werden wir auf die einzelnen Wahrnehmungen eingehen und Ihnen anhand erlebter Beispiele Tipps geben, wie Sie einen besseren Zugang zu Ihren Schützlingen finden können. Mit einem Hauch Ironie, Spaß und kuriosen Erlebnissen nehmen wir Sie mit in unsere Welt. Wenn Sie verstehen und wissen, warum wir so sind, erleichtert das Ihren und den Alltag der Kinder immens.

Im Text verzichten wir aufgrund der Lesbarkeit auf das Gendern. Bitte fühlen Sie sich alle angesprochen und sehen Sie uns diese Schreibweise nach.

Lassen Sie uns einen Weg finden, ein gutes Miteinander zu ermöglichen.

1. Der trockene fachliche Teil - *ist aber wichtig*

Wir möchten Ihnen nicht einfach nur „Anweisungen" geben, wie man mit einem autistischen Kind umgehen kann, sondern Ihnen erklären, was der Auslöser für das ‚eigenartige' Verhalten sein kann. Für Sie gibt es oftmals gar keinen ersichtlichen Grund, warum das Kind plötzlich weint, wütend wird, sich zurückzieht, schreit, sich selbst verletzt, komische Worte sagt oder eben einfach nur ungewöhnlich reagiert. Es gibt aber immer einen Grund für eine Handlung - bei jedem Menschen. Nur haben wir oftmals Impulse, die Sie wahrscheinlich gar nicht so wahrnehmen.

Das ist aber nicht schlimm, denn wir verstehen die „normalen" Menschen ebenso wenig.

Die Verhaltensweisen von Asperger-Autisten erläutern wir in den späteren Kapiteln genauer.

Was ist eigentlich Asperger-Autismus? ... *oder: Was ist eigentlich normal?*

Das Asperger-Syndrom ist eine tiefgreifende Entwicklungsstörung aus dem Autismus-Spektrum, die sich bereits in der frühen Kindheit, als eine Art Kontakt- und Kommunikationsstörung, bemerkbar macht.

Das ist tatsächlich mein größtes Problem - die Kommunikation, eigentlich alle sozialen Interaktionen. Leider vergessen das viele Mitmenschen, denn sie verlangen von mir eine „vernünftige" Konversation.
„Kannst du dich nicht normal *mit mir unterhalten? Diese Frage überfordert und verwirrt mich ganz besonders. Ich habe doch extra zu Beginn des Kennenlernens gesagt, dass ich ein Asperger-Autist bin.*

Diese „Störung", „Besonderheit", „Behinderung", „Einschränkung" - wie man es auch immer nennen mag - ist unheilbar und macht sich häufig schon vor dem dritten Lebensjahr bemerkbar. Ungefähr 0,5 bis 2 % aller Menschen sind davon betroffen, Studien zufolge betrifft es mehr Jungen als Mädchen. Bei Mädchen äußert sich das Asperger-Syndrom meist weniger offensichtlich. Sie laufen, eher als Jungen, Gefahr, unentdeckt und somit ohne Diagnosestellung zu bleiben. Jedoch wird angenommen, dass die Zahl der Betroffenen insgesamt dreimal so hoch ist, da viele unerkannt und folglich ohne Diagnose bleiben. Sie werden eben einfach als komisch, eigenartig oder vielleicht sonderbar wahrgenommen.

Man sollte sich an uns gewöhnen und vor allem unsere Stärken fördern und nutzen. Und die liegen wahrlich nicht unbedingt im Small Talk.

Im Gegensatz zu anderen Formen des Autismus, haben Asperger-Autisten keine allgemeine Entwicklungsverzögerung und auch keinen Rückstand in der sprachlichen sowie kognitiven Entwicklung. Häufig gibt es jedoch eine auffallende Ungeschicklichkeit.

Oh ja, die Koordinationsprobleme können viele nicht abstreiten und selten verstecken.

Gibt es dafür eine Ursache? - *alles hat eine Ursache*

So richtig einig sind sich die Gelehrten da noch nicht.

Meines Erachtens ist das auch egal, denn ändern können wir es ohnehin nicht.

Eine Vererbung, auch generationsübergreifend, ist wahrscheinlich. Verschiedene Neurologen sehen die Erklärung für den Autismus in den einzelnen Gehirnregionen. Egal in welchem Alter wiesen alle untersuchten Autisten einen Gendefekt auf. Die Entwicklung des Gehirns verläuft schon vorgeburtlich anders. Es konnten veränderte Funktionen und auch Strukturen, überwiegend der beiden Schläfenlappen sowie in den Frontlappen des Großhirns und des Kleinhirns, nachgewiesen werden. Die Zellen in der Großhirnrinde agieren anders und haben ein anderes Aussehen im Vergleich zu normalen Gehirnzellen. Diese Unterschiede und die damit veränderte Gehirnfunktion bewirken die beobachtbaren Verhaltensauffälligkeiten und kognitiven Besonderheiten.

Beispielhaft sind hier gute Fertigkeiten der Formerkennung, jedoch Schwierigkeiten in der Bewegungswahrnehmung. Außerdem besitzen sie gute Fähigkeiten im logisch-schlussfolgernden Denken. Konträr dazu sind die Probleme der Handlungsplanung und Zielorientierung sowie andere Besonderheiten und Einschränkungen.

Die Neurobiologie sieht den Ursprung im Aufbau des Gehirns, welches bei Asperger-Autisten sehr gute neuronale Vernetzungen von benachbarten Gehirnarealen aufweist, jedoch bei dem weiter entfernten Gehirnkern Störungen hat beziehungsweise schwächer vernetzt ist. Dies würde das Erlernen von spezifischen Teilbereichen begünstigen, aber das Einordnen des Erlernten im Zusammenhang erschweren.

Es können auch Begleiterscheinungen wie AD(H)S, Depressionen und vieles mehr hinzukommen. Wichtig ist immer, die Ursache herauszufinden. Oft wird unsere Nervosität oder unsere Unkonzentriertheit mit AD(H)S verwechselt - aber das erkläre ich später noch ausführlich.

Typische Merkmale eines Aspis - *die sind meist auch sehr auffällig*

Asperger-Autisten werden als intelligent, teilweise analytisch und mathematisch hochbegabt, mit akkurat penibler Sprache beschrieben.

Aber bitte nicht in Stein meißeln (wörtliche Rede) - es gibt auch Autisten mit Dyskalkulie.

Allerdings haben sie große Schwierigkeiten, sich an ihre soziale Umgebung anzupassen und Kontakt zu gleichaltrigen Kindern aufzunehmen. Da ihre Intelligenz in den meisten Fällen normal ausgeprägt ist oder zusammen mit einer Hoch- oder Inselbegabung einhergeht, werden sie von ihrer Umwelt als wunderlich und merkwürdig wahrgenommen.

Es geht uns Autisten nicht anders, denn für uns reagieren neuronal-typische Menschen (kurz NT's genannt) sonderbar. Und wir können nicht angepasst sein!

Betroffene entwickeln oft leidenschaftliche Spezialinteressen, da sie eine besondere Fähigkeit haben, Details wahrzunehmen. Sie verfügen über gute bis sehr gute sprachliche Kompetenzen, einen häufig perfekten sprachlichen Ausdruck bis hin zu formeller, pedantischer Sprache.

Für viele Menschen erscheinen wir altklug, vorlaut und frech. Dabei wollen wir das gar nicht. Diese Ausdrucksweise ist für uns „normal".

In den Bereichen logisches Denken oder visuelle Wahrnehmungen zeigen Asperger-Autisten teilweise überdurchschnittliche Leistungen. Sie nehmen oftmals Gerüche, Geräusche und Farben intensiver wahr. Außerdem verfügen viele Asperger-Autisten über ein eidetisches (fotografisches) Gedächtnis. Außergewöhnliche, eingegrenzte Interessen sind ein charakteristisches Merkmal, ebenso wie der Drang, Details zu analysieren und systematische Regeln und Muster zu erkennen. Ihr Gehirn stellt andere Verknüpfungen her als das eines neuronal typischen Menschen. Autisten haben eine Vorliebe für Routinen und Rituale, da sie Schwierigkeiten mit jeglichen Veränderungen haben. Ebenfalls haben sie Probleme, mehrere Dinge auf einmal zu tun und sind nicht selten sehr strukturiert. Ein Asperger-Autist arbeitet am liebsten allein.

Unser Gehirn ist immer aktiv, es beschäftigt uns leider ständig. Es ist kaum möglich, Ruhephasen zu finden. Viele wägen binnen Sekunden ab, ob Handlungen logisch sind und Sinn ergeben. Dafür können wir nichts - das ist ein Automatismus.

Sie können die Gestik und Mimik ihres Gegenübers selten deuten, vor allem nicht im Kindesalter. Somit sind zwischenmenschliche Beziehungen für sie sehr anstrengend.

Meist bleiben sie das bis ins hohe Alter.

Wie funktionieren Asperger-Autisten? - *nicht nach „Schema F"*

Asperger-Autisten erleben sich selbst als anders. Jedoch gelingt es ihnen manchmal, durch ihre Begabungen und Neigungen bestimmte Merkmale zu kompensieren und somit für Außenstehende wie alle anderen zu erscheinen. Sie können zwar mitunter ein relativ normales Leben führen, sind aber nicht in der Lage, ihre Kompetenzen optimal einzusetzen.

Allerdings kostet uns das unheimlich viel Kraft und Energie. Wir sind dann im „Funktionieren-Modus" - wissen aber nicht wirklich, was wir tun.

Es gelingt ihnen einfach nicht, soziales Verhalten intuitiv zu verstehen. Die vielen Nuancen im zwischenmenschlichen Informationsaustausch zu differenzieren, ist für einen Aspi fast unmöglich. Somit haben sie, trotz der verbalen Fähigkeiten, große Schwierigkeiten im Bereich der Kommunikation. Soviel Mühe sie sich auch geben, sie können sehr selten ihrem Gegenüber das erklären, was sie wollen, empfinden oder meinen. Für andere reagieren sie in den meisten Fällen „falsch".

Durch viele soziale Kontakte oder Sozialkompetenztraining gehen uns viele Ressourcen für besondere Begabungen verloren.

Kommunikation - *ein Buch mit sieben Siegeln*

Sie werden keine zwei Autisten finden, die sich gleichen. Jeder hat eine andere Ausprägung, andere Begabungen und „Defizite". In einem Punkt gleichen sich aber fast alle Aspis, sie haben häufig ein „Schwarz-Weiß-Denken", brauchen ihre Routinen, Strukturen und Rituale. Dass es Graustufen im Denken gibt, können sie im Laufe ihres Lebens möglicherweise erlernen, aber verstehen werden es die meisten nicht. Ihnen begegnen immer wieder die vielen Facetten des Alltags und schon kommen sie an ihre Grenzen, denn sie können nur die Verhaltensweisen anwenden, die sie sich angeeignet haben - sozusagen auswendig gelernt haben. Ich las vor ein paar Jahren einen Buchtitel: „Ich bin total spontan - wenn man mir rechtzeitig Bescheid gibt..." Dank dem World Wide Web habe ich auch die Autoren gefunden - Ralf Schmitt und Torsten Voller. Das Buch habe ich nicht gelesen, aber seither gebe ich dieses Zitat gern zur Antwort, wenn mich jemand spontan zu etwas auffordert.

Ein ungeplantes Ereignis kann uns Schach-Matt setzen.

Der ausgeprägte Gerechtigkeitssinn - *auch nicht immer einfach*

Autisten müssen vertrauen und sich auf das Gesagte verlassen können. Verlässlichkeit gibt die Sicherheit, die wir brauchen. Enttäuscht man einen Aspi, kann er selten wieder Vertrauen zu der Person fassen. Verspricht er etwas, hält er sich meistens auch daran. Allerdings ist er weniger spontan mit Zusagen oder Versprechen. Er wägt vorher genau ab, bevor er etwas verspricht. *Oder wie ich zu sagen pflege: „Ich plane die Eventualitäten der nächsten zwanzig Jahre im Voraus."* Setzt man einen Autisten unter Druck und er trifft Entscheidungen aus Angst, wird er große Probleme haben, sich an die Zusage zu halten. „Versprich mir, dass du dich beim nächsten Mal ordentlich verhältst." „Versprich mir, dass das nie wieder vorkommt." Ich hoffe sehr, dass Sie am Ende des Buches verstehen, warum diese Aussagen nicht förderlich sind.

Genauestens geplant kann er schon eine Zusage oder Absage erteilen. Mit Menschen, die sich nicht an ihr Wort halten, kann er nicht umgehen und sie auch nicht verstehen, denn in dem Moment wird sein Plan durcheinandergeworfen und es entsteht wieder dieses unsortierte Chaos im Kopf. Sie bekommen Panik und reagieren, jeder auf seine Art, unverständlich für andere. Manche werden ruhig und ziehen sich zurück, andere hingegen werden unkontrolliert wütend.

Häufig sagen sie dann ganz offen und ehrlich, was sie von der Konstellation halten, und das führt zu schweren Diskrepanzen, auch innerhalb der Familie.

Sie sind dann einfach nur gnadenlos überfordert. Ein Aspi ist in dieser Situation nicht in der Lage seine Gedanken zu sortieren und sich „angemessen“ zu äußern. Zu seiner eigenen Überforderung kommt dann ganz oft eine Bestrafung seines Umfeldes für sein nicht ‚normales‘ Verhalten hinzu. Und wieder verfällt er in die „Ich bin nicht gut“-Haltung.

Angst und mangelndes Selbstbewusstsein sind seine ständigen Begleiter. Asperger-Autisten haben jedoch gelernt, teilweise bis hin zur Perfektion, dieses nicht zu zeigen, denn in dem Moment wären sie noch verletzlicher. Sie zweifeln immer an sich selbst, weil sie wissen, dass sie anders sind. Im Kindesalter merken sie schon, dass sie alles oder vieles „falsch“ machen. Die vielen Abstufungen der Gestik und Mimik bleiben für Aspis ein ewiges Rätsel. Also müssen sie sich auf das Wort ihres Gegenübers verlassen können.

Müssen Autisten dennoch eine Lüge/Notlüge anwenden, ist das für sie sehr kompliziert und sie machen es aus Angst. Aus Angst, wieder etwas falsch zu machen oder gemacht zu haben und bestraft zu werden. Sie können lernen zu lügen, wie jedes andere Kind auch, nur ist es wider ihrer Natur.

Ganz oft lernen Aspis, Dinge einfach zu verschweigen. Zwar würden sie viel lieber das sagen, was sie denken, doch damit ecken sie meistens an.
Tatsachen schön verpacken und ausschmücken können sie nicht wirklich. Versuchen sie es dennoch, wirkt es sehr holprig und gekünstelt. Sie brauchen eindeutige, verlässliche Ansagen. Ein Aspi betrachtet alles sehr analytisch.

Wir brauchen allerdings keinen Militärton - liebevolle, freundliche und klare Anweisungen mit Erklärungen sind viel besser.

Asperger-Autisten können sehr wohl fühlen und mitfühlen - Ausnahmen gibt es wie bei NT's auch. Sie fühlen sehr intensiv und ich glaube, sie wirken oft nur so emotionslos, weil sie nicht verstanden werden. Sie können ihre vielen Emotionen nicht ausdrücken und zuordnen. Ein Aspi braucht eine Bezugsperson. Daran erkennt man schon, dass er sehr wohl Gefühle hat. Im Kindesalter benötigt er für sein emotionales Gleichgewicht sogar oft körperlichen Kontakt wie Kuscheln, später dann mehr Worte, Gesten und Taten.

Ironie, Sarkasmus oder Zynismus zu verstehen oder dass Gesagtes anders ausgelegt werden kann, ist für Aspis ebenfalls nicht nachvollziehbar. Die meisten lernen im Laufe ihres Lebens damit umzugehen, aber das Erlernte zu verstehen und umzusetzen ist mit sehr viel Anstrengung verbunden. Dazu bedarf es enorm viel Zeit, Geduld und Verständnis aus dem sozialen Umfeld sowie viel Liebe und Aufmerksamkeit seitens der Familie.

Overload / Meltdown / Shutdown - *können durch falsche Reaktionen ausgelöst werden*

„Hab dich nicht so!“ „Kannst du dich nicht mal zusammenreißen?“ „Das musst du doch mittlerweile gelernt haben.“

Der nicht vorhandene Reizfilter wächst nicht einfach nach.

Oder das Kind belächeln: „Na, hast du wieder deine fünf Minuten?“

Mit solchen Kommentaren setzen Sie das Kind nur noch mehr unter Druck - der Stress und die Angst werden immer heftiger.

Bekommen Autisten nicht die Möglichkeit die Reizüberflutung ausreichend zu verarbeiten und der Situation aus dem Weg zu gehen, kommt es zu einem Overload, Shutdown oder auch Meltdown.

Overload (Überlastung)

Ein Overload kommt häufiger am Tag vor und ist relativ schnell wieder in den Griff zu bekommen. Allerdings ist das die Vorstufe zum Melt- oder Shutdown. Wissen Sie in den Situationen gut mit einem Autisten umgehen und hat das Kind Zeit, sich ausreichend zu beruhigen, können Sie „Schlimmeres" vermeiden. Ein Overload macht sich in der Regel vorher bemerkbar - es gibt viele Hinweise seitens des Kindes. Unruhe, laute Geräusche, Stimming (siehe Kapitel 8) oder es wird ruhig, zieht sich zurück, weint, triftet gedanklich ab - träumt sich in seine Welt. Beispiele dafür finden Sie in den einzelnen Kapiteln.

Meltdown (Kernschmelze)

Wie äußert sich ein Meltdown?
Die Reizüberflutungen können nicht mehr kompensiert werden und es kommt zu unkontrollierten Handlungen. Schreien, wild um sich schlagen, Sachen werfen (was auch immer gerade zur Hand ist) oder Gegenstände zerstören. Der Schüler KANN keine Reize mehr verarbeiten - alles, was sich angestaut hat, kommt in diesem Moment zum Ausbruch. Das Gehirn ist absolut nicht mehr aufnahmefähig.

Sie haben an diesem Punkt kaum noch eine Chance einzugreifen. Versuchen Sie möglichst schnell die Reize zu minimieren. Bleiben Sie ganz ruhig und reden Sie NICHT auf das Kind ein! Warten Sie, bis es vorbei ist. Rufen Sie gegebenenfalls die Eltern an oder holen Sie eine andere Bezugsperson, der das Kind vertraut - das kann eine andere Lehrkraft, Erzieherin, ein Schulbegleiter oder ein anderes Kind sein. Eine vertraute Stimme kann mitunter zu dem Kind vordringen, um es aus der Umgebung zu nehmen. Fassen Sie das Kind NICHT an und zerren Sie es NICHT aus dem Raum. Notfalls sollen die anderen Kinder den Raum verlassen. Bald wird es dann besser.
Das Kind braucht Ruhe.
Vor dem Overload gab es genug Anzeichen, die auf eine Überforderung hingewiesen haben. Also machen Sie nicht den Schüler dafür verantwortlich.

Shutdown (Herunterfahren)

Hier schottet sich das autistische Kind ab, verkriecht sich unter einem Tisch, versteckt sich. Es schaltet sich sozusagen zum Eigenschutz komplett ab. Meistens mit stupiden Bewegungen.
Auch hier gilt: nicht ansprechen oder berühren, sondern abwarten. Holen Sie Hilfe. Eine Person, die ganz vorsichtig versucht, das Kind nach Hause zu bringen. Während und nach dem Shutdown kann das Kind die nächsten Tage nicht in die Schule kommen. Sagen Sie das bitte den Eltern, da diese den Vorfall nicht miterlebt haben. Nur mit ganz viel Ruhe, Liebe und Geduld werden sich diese Kinder wieder erholen.

Lassen Sie den Vorfall vorerst auf sich beruhen und klären Sie das zusammen mit den Eltern und einer vertrauten Person. Je mehr Erwachsene bei einem Gespräch anwesend sind, desto mehr Angst wird das Kind haben. Lassen Sie das Kind außen vor. Fragen Sie kurz in einer ruhigen Minute, ob es vielleicht benennen kann, was der Auslöser war. Oftmals werden Sie hier keine Antwort bekommen, denn das Kind weiß es selbst nicht. Und auch hier kann wieder das Kuller-System greifen. Wenn Sie sehen, dass das Kind kaum mehr Kugeln auf seinem Brettchen hat, dann reagieren Sie ohne große Ausführungen und lassen das Kind einfach in Ruhe.

Geben Sie für einen Overload, Melt-/Shutdown NIE dem Kind die Schuld. Die Umwelteinflüsse und oftmals das Verhalten der Mitmenschen waren der Auslöser.

Prinzipiell weiß das Kind im Nachhinein, dass es sich „falsch" verhalten hat und schämt sich auch dafür. Es ist wütend über sich selbst, weil es nichts mehr unter Kontrolle hatte. Verlangen Sie keine Entschuldigung. Das Kind hatte keine andere Möglichkeit.

Sollte sich der Schüler von sich aus entschuldigen wollen, sagen Sie ihm: „Es ist okay, mach dir keine Gedanken. Wir werden gemeinsam einen Weg finden, um das in Zukunft besser zu kontrollieren."
Eigentlich ist es die Aufgabe der Aufsichtspersonen, die Kinder vor solch einer Reizüberflutung zu schützen. Das Kind kann sich nicht wehren, es weiß nicht, was und warum es passiert.

2. Vorurteile - *die wollen wir abbauen*

„Also ich glaube nicht, dass Ihr Sohn ein Autist ist. Ich hatte schon einen in meiner Klasse und der war ganz anders."

Stimmt - denn kein Autist gleicht dem anderen. Jeder hat andere Besonderheiten, Begabungen und Ausprägungen. Nehmen Sie das Kind so an, wie es ist - egal, ob „nur" ein Verdacht auf Autismus besteht oder die Diagnose feststeht.

„Das kann kein Autist sein - der hält kurz Blickkontakt."

Wir können lernen andere anzuschauen, auch wenn es uns sehr viel Energie und Kraft kostet.

„Autisten haben keine Empathie. Das Kind kann ja gar nicht nachvollziehen, wie es den anderen Kindern geht." Oder aber: „Das Kind verfügt über Empathie. Es kann nicht autistisch sein."

Wir sind keine empathielosen kleinen Monster.
Die meisten Autisten haben mehr Empathie als andere Menschen. Wir fühlen in den meisten Fällen viel zu viel. Jedoch können wir unsere Gefühle nicht immer ausdrücken oder zeigen. Im privaten Umfeld sind wir so feinfühlig, dass wir sofort mitbekommen, wenn es einem Familienmitglied nicht gut geht - wir können nur nicht damit umgehen und wissen nicht, wie wir uns verhalten sollen. Auch ich wusste, dass es meinen Mitschülern nicht immer gut geht, wenn ich den Unterricht störe - allerdings konnte ich die Geräusche nicht abstellen, das war ja meine Art der Stressbewältigung.

„Das Kind verhält sich nicht wirklich intelligent. Also ich glaube nicht an den IQ-Test."

Ich musste mir das häufiger anhören. Auch meine Lehrer und Mitschüler dachten, ich sei völlig fehl am Platz am Gymnasium. Ich redete nicht mit den Lehrern, gab keine Antworten im Unterricht. Was keiner so richtig wahrnahm: Ich speicherte den ganzen Unterrichtsstoff ab. Und irgendwann - etwa in der neunten Klasse - begann ich „aufzutauen". Ich konnte dann beweisen, dass ich nicht dumm bin. Interpretation ist allerdings noch immer eine verworrene Sache. Nee, geht nicht - entweder ein Autist kann das oder er kann es nicht. Ich gehöre zu den Aspis, die es wohl nie lernen werden. Mich macht das auch im Alltag wahnsinnig. Warum kann nicht jeder sagen, was er denkt. Ich habe keine Lust auf das Rätselraten. Wenn ich anfange zu interpretieren, ufert das aus. Ich kann einen Satz in zig verschiedenen Möglichkeiten auslegen - was nun aber tatsächlich gemeint war, entzieht sich meiner Kenntnis.

„Was hat das Kind für eine Inselbegabung? Ein Autist hat doch immer eine Inselbegabung."

Nein, wir müssen keine Inselbegabung haben. Wir müssen auch nicht hochbegabt sein.

„Autisten wollen keinen Körperkontakt. Man darf sie nicht anfassen."

Das kann man so nicht pauschalisieren. Es gibt durchaus autistische Kinder, die gern kuscheln - und auch von den Lehrern in den Arm genommen werden wollen -, körperliche Nähe suchen.

„Autismus ist das neue ADHS. Autismus ist nur eine Modediagnose."

Nun ja, ich wurde in den ersten Jahren auf ADHS diagnostiziert. Ich würde eher sagen, es gibt viel mehr Autisten als Kinder, die ADHS haben und mit Medikamenten ruhiggestellt werden.

„Gegen ADHS gibt es doch auch Medikamente. Soll das Kind die doch nehmen, um nicht länger zu stören."

Gegen Autismus gibt es keine Medikamente. Warum auch? Das ist gar nicht notwendig - unsere Welt ist ehrlich, logisch und sehr emotional. Und ganz ehrlich, wenn es danach geht, bräuchten viele Menschen Medikamente.

„Wir müssen dem Kind den Autismus austreiben."

Jawohl, am besten mit Drill. Den Willen brechen und dressieren. Sich aber dann wundern, wenn Jugendliche Suizid begehen, weil sie dem Druck nicht mehr standhalten können. Viele leiden ihr Leben lang an Depressionen, weil sie psychisch kaputtgespielt wurden.

„Der Schüler muss sich nur mehr zusammenreißen. Das schaffen die anderen doch auch!"

Wenn wir das könnten, würden wir das tun. Uns gefällt es auch nicht, dass wir die anderen nicht verstehen.

„Der Autismus ist eine reine Verhaltenssache."

Unser Verhalten ist nur „falsch", wenn es an neurotypischem Verhalten gemessen wird.

„Der Schüler will sich nur Vorteile verschaffen (Nachteilsausgleich)."

Wir haben keinesfalls Vorteile durch den Nachteilsausgleich. Es wird dadurch lediglich die Möglichkeit geschaffen, die gleichen Voraussetzungen zu haben wie alle anderen Kinder. Wir werden von anderen oft beschimpft. Einige Lehrer machen sich vor der Klasse darüber lustig.

„Das Kind ist faul und unwillig."

Mit den Menschen, die diese Meinung vertreten, möchte ich gern mal einen Tag tauschen. Ob sie das dann auch noch behaupten würden, wenn sie ad hoc mit unserem Gedankenchaos und der Angst leben müssten?

„Das Kind ist doch autistisch. Das kann nicht künstlerisch begabt sein."

Wie alle anderen Menschen auch können Autisten Künstler, geniale Mathematiker, Germanisten, Fremdsprachen-Genies sein, alles ist denkbar. Nichts ist festgelegt oder eingeschränkt. Und gerade unter Autisten findet man sehr viele Künstler, denn sie drücken so häufig ihre Gefühle aus.

„Das Kind muss im Unterricht immer was zum Spielen in der Hand haben oder es zappelt mit den Beinen. Das Kind hat doch ADHS."

Es muss kein ADHS haben. Wir nennen das Stimming (selbststimulierendes Verhalten) und das ist eine Notwendigkeit, denn sie hilft uns, den Stress und die Eindrücke zu kompensieren. Haben die Kinder ihre Ruhe und sind ausgeglichen, brauchen sie das auch nicht zwingend.

3. Die erste Begegnung - *altklug, vorlaut ... oder versteckt - wir finden jedes Fettnäpfchen*

Freundlich gestimmt warten Sie auf die Eltern und das autistische Kind, welches bald Ihre Schule besuchen wird. Es kann auch der Fall sein, dass Sie ein Kind zugewiesen bekommen, und da Sie gehört und gelesen haben, dass Autisten eine „Sonderbehandlung" brauchen, verfallen Sie vielleicht in Panik, und Überforderung stellt sich ein. Sie fürchten, dass Sie nicht die Voraussetzungen haben, das Kind nach seinen Bedürfnissen zu beschulen. Außerdem wissen Sie nicht wirklich viel über die Thematik Autismus - speziell Asperger-Autismus. Das können wir aber ändern. Bitte bedenken Sie: Egal, was ein Kind macht, was es sagt... es hat immer einen Grund.

Wir spielen einige Szenarien durch, wie eine erste Begegnung ausschauen kann:

Es klopft und Sie öffnen die Tür, um die Eltern und das Kind zu begrüßen. Oftmals kommt ja auch nur ein Elternteil. Während Sie in der Tür stehen, ist die Mutter damit beschäftigt, das Kind noch davon zu überzeugen, mit in den Raum zu kommen. Sie begrüßt sie flüchtig, denn ihr Kind wehrt sich vehement gegen die Begegnung mit Ihnen. Sie sind gleich hellauf begeistert (Ironie), weil die Mutti nicht in der Lage ist, ihr Kind so vorzubereiten, dass es brav neben ihr steht und Ihnen die Hand reicht. Das Kind steht im Mittelpunkt, denn es braucht Erklärung, Zuwendung, Geduld und keinesfalls Druck.

Doch es funktioniert nicht - die Mutti ist total angespannt und verzweifelt, denn sie wollte ja einen guten Eindruck hinterlassen. Das Kind hat aber Angst, panische Angst - alles ist unbekannt und neu. Außerdem werden ja soziale Kontakte ohnehin von wenigen Autisten präferiert (siehe Kapitel „soziale Kontakte"). Es dauert und dauert, das Kind will nicht in Ihr Büro oder das Klassenzimmer. Sie werden ungeduldig und fragen sich: „Was will das Kind hier in der Schule? Das kann ja heiter werden, wenn es schon so anfängt." (Seien Sie ehrlich, solche Gedanken haben Sie und das ist aus Ihrer Sicht auch nicht verwerflich.)

STOPP!

Sagen Sie der Mutti, sie solle ganz ruhig bleiben und dass alles kein Problem ist: „Ich gehe schon mal vor und Sie kommen nach, wenn Ihr Kind so weit ist." Und dann erst sprechen Sie das Kind an: „Du kannst entscheiden, ob du mit mir reden möchtest, mir die Hand geben möchtest oder ob du vielleicht lieber hier im Vorraum oder auf dem Flur warten möchtest. Du kannst ja auch nachkommen - wir lassen die Tür auf. Du kannst auch gern mit dem Handy spielen." Je nachdem, was das Kind gerade dabeihat. Erwarten Sie keine Antwort. Gehen Sie dann einfach in Ihr Zimmer. Wichtig ist, einen Ausweg zu lassen und keinen Druck aufzubauen. Diese Zeit sollten Sie einplanen, wenn Sie den Termin vereinbaren. Mit viel Glück können Sie dann das Gespräch mit dem Elternteil führen. Schauen Sie das Kind bitte nicht direkt an und verlangen Sie keinen Blickkontakt. **Wir hören mit den Ohren, nicht mit den Augen (siehe Kapitel „Blickkontakt")!**

Manchmal reden die Kinder auch gar nicht und verstecken sich hinter dem Elternteil oder der jeweiligen Bezugsperson. (Obwohl das tatsächlich oft eine bessere Alternative ist, als den Erwachsenen gleich „vorlaut" zu begegnen.) Sie als Lehrer haben in dem Moment keine Chance an das Kind heranzukommen. Das Kind schaut Sie weder an, noch gibt es Ihnen die Hand. Und ungewollte Berührungen von fremden Menschen können das AUS bedeuten.
WICHTIG! Berühren Sie das Kind nicht ohne vorher gefragt zu haben oder mit den Eltern geredet zu haben. Nehmen Sie bitte ernst, wenn das Kind keinen Körperkontakt zulassen kann. Die Kinder haben Angst und suchen Schutz. Sie wissen, dass sie selten von anderen Menschen verstanden werden, also lassen die Kinder ihre Bezugsperson reden. Außerdem ist die Umgebung fremd, es dauert lange, bis wir uns an das neue soziale Umfeld gewöhnt haben.

Es gibt auch Aspis, die Ihnen sofort erklären möchten, was in Ihrer Schule alles schiefläuft. Ihnen ständig dazwischenreden. Oder auch einfach nur dem Elternteil ins Wort fallen und quengeln, dass sie jetzt gehen möchten. *Ich gehe sowieso nicht in die Schule, hier sind alle doof.* Das Kind ist nicht unerzogen und es möchte Ihnen auch keine Vorschriften machen. Aus seiner Sicht sind die „Hinweise", die es Ihnen gibt, logisch. Lassen Sie sich ruhig auf ein Gespräch ein. Nehmen Sie das Kind ernst und diskutieren Sie auf Augenhöhe. Stellen Sie Fragen. Vielleicht bekommen Sie so heraus, was das Kind benötigt. Vor allem aber, nehmen Sie dem Kind die Angst vor der ungewohnten, neuen Situation. Diese Arroganz ist ganz oft Unsicherheit.
Unnahbar sein - das gibt den Kindern (auch vielen Erwachsenen) den Schutz - *mich kann niemand verletzen.*

Versuchen Sie bitte zu vermitteln und geben Sie dem Kind Zeit, sich an Sie zu gewöhnen.

Die ersten Schritte - *hilfreiche Fragen zur Kontaktaufnahme*

„Hallo ..., darf ich dir die Hand geben oder magst du dich erst mal ein wenig umschauen?"

Wenn ich nicht reagiere, lassen Sie mich einfach in Ruhe. Wichtig!!! Ich will keine weitere Kommunikation!

„Darf ich dich im Unterricht berühren? Dir die Hand auf die Schulter legen oder die Hand führen?"

Wenn ich „Nein" sage, dann kommen Sie mir nicht zu Nahe. Körperkontakt lasse ich nur von meinen Bezugspersonen zu.

„Ich beantworte dir gern deine ganzen Fragen, die du zu dem Schulsystem hast, und auch warum wir Aufgaben erledigen, die du vielleicht als sinnlos erachtest. Aber können wir das bitte nach dem Unterricht besprechen?"

Vieles finde ich in der Tat unlogisch. Jedoch verstehe ich das manchmal, wenn Sie mir das erklären. Aber bitte nicht für Kleinkinder.

„Wo möchtest du sitzen?"

Ich möchte gern allein sitzen und ganz hinten. Am liebsten auf der Seite, wo die Tür ist. Und bitte verändern Sie den Sitzplan nicht! Ich mag keine oder wenig Veränderungen.

„Möchtest du in der Pause mit den anderen Kindern rausgehen oder brauchst du deine Ruhe?"

Ich will in den Pausen nicht raus zu den anderen Kindern. Der Unterricht und die sozialen Kontakte, die daraus zwangsläufig entstehen, reichen mir vollkommen aus. Ruhe und so wenig Geräusche wie möglich, keine wuselnden Kinder, kein Gerenne, Schreien, Rufen, nichts Buntes - einfach nur Ruhe und Stille, das wäre super. Kann ich mir meine Kopfhörer nehmen und Musik hören? Das beruhigt mich.

Bitte versuchen Sie mit dem Kind vorher alles abzusprechen.
Wir haben leider auch Lehrer kennengelernt, die immer eine „Gegenleistung" erwarten: „Wenn du in der Stunde nicht auffällst, kannst du in der Pause drinbleiben." Oder auch: „Du darfst nicht im Gebäude bleiben, wenn du jetzt nicht sofort die Anweisungen befolgst."
Ich nenne das ja ganz einfach erpressen. Der Druck, der dadurch entsteht, ist immens und sie bekommen Angst.

4. Wahrnehmung - *wir sind sehr feinfühlig* / Reize - *können unvorstellbar belastend sein*

Gleich zu Beginn dieses Kapitels möchten wir Ihnen aufzeigen, wie Asperger-Autisten die Welt wahrnehmen können. Die Reizüberflutung bezieht sich hier fast ausschließlich auf den Schulalltag und beruht auf persönlichen Erlebnissen, Zuschriften und Gesprächen mit Eltern und Betroffenen sowie den Recherchearbeiten, die ich **eigens für das Schreiben dieses Buches betrieben habe. Versuchen Sie einmal, sich in unser Erleben hineinzuversetzen.**

Sie kommen am frühen Morgen in die Schule und schon auf dem Schulhof begegnen Ihnen lachende, schreiende, tobende Kinder. Ein Handy klingelt mit einem (für Sie) nervigen Klingelton - in der Ecke steht ein Schüler, der schon telefoniert. Ein anderes Kind weint, weil es sich verletzt hat oder geärgert wurde. Wieder eine andere Gruppe von Schülern trägt gerade einen Streit aus. Kinder rufen Ihnen etwas zu, begrüßen Sie lautstark. Sie berühren Sie und zupfen an Ihnen herum. Vor der Schule fahren Autos. Vielleicht geht noch jemand vor der Schule mit einem Hund spazieren und der muss zu allem Überfluss auch noch bellen, weil er „mitspielen" will. Im Schulgebäude wird es noch lauter, denn die Schüler schreien noch immer. Rennen hin und her. Treppen rauf, Treppen runter. Alles ist bunt, überall hängen Bilder oder Plakate an den Wänden und - ganz wichtig - es stehen auch Aufsteller mitten im Weg. Jeder läuft in eine andere Richtung - es wird geschubst, gedrängelt und man berührt sich. Die Schüler quatschen alle wild drauf los. Eine Kollegin spricht Sie an und möchte mit Ihnen etwas bereden. Sie trägt ein wohlriechendes Parfum. Die Schüler stellen Ihnen Fragen.
Was passiert in Ihrem Gehirn? Die „unwichtigen" Geräusche werden ausgeblendet. Sie können sich auf eine Kommunikation konzentrieren. Abgesehen davon glaube ich nicht, dass Sie all diese Eindrücke überhaupt wahrgenommen haben - wahrnehmen.

Was passiert bei einem Autisten?

Bei dem autistischen Kind/Erwachsenen funktioniert der Reizfilter nicht. Er ist nicht vorhanden. Ein autistisches Kind nimmt alles gleich stark wahr, gleich laut. Kein Geräusch wird ausgeblendet, sondern alles prasselt zusammen auf das Kind ein. Das Kind ist völlig überfordert. Parfum kann für Autisten auch sehr unangenehm werden - sowie starke Gerüche im Allgemeinen.

Die Gedanken feiern Fasching und das Kind möchte sofort die Schule verlassen - es möchte ein paar Stunden in einer ruhigen Umgebung verbringen. Geht aber nicht. Das Kind kann die reizüberflutete Umgebung gar nicht mehr richtig wahrnehmen - es möchte nur noch schreiend weglaufen. Und wieder: Geht aber nicht - es muss weitermachen und die Eindrücke ertragen.
Es kommt in die Klasse - endlich nicht mehr so viele Kinder. Dennoch kommen die Eindrücke weiterhin ungefiltert an. Die Mitschüler sind meistens sehr lebhaft. Sie als Lehrkraft betreten den Raum in der Regel schon vor Beginn des Unterrichts und rufen in die Klasse: „Wir brauchen heute Buch und Heft XY." Die anderen Kinder packen nebenbei aus und quatschen weiter. Das autistische Kind hat Sie gar nicht gehört. Wie auch - alle Stimmen sind ja gleich laut.
Was passiert dann? Das Kind wird gemaßregelt: „Du hast wieder nicht zugehört. Immer brauchst du eine extra 'Einladung'". Es wird vor der gesamten Klasse gemaßregelt, obwohl es mehr ertragen hat in der kurzen Zeit, als die Mitschüler und Sie. Trotzdem wird es ‚vorgeführt'.

STOPP!

Werfen Sie dem Schüler nicht sein „Fehlverhalten" vor, sondern gehen Sie zu dem Kind an den Platz und sagen Sie ihm, was es machen soll. In einem ruhigen, liebevollen Tonfall, aber dennoch sollte es eine klare Ansage sein.

Optimal wäre in dem Fall eine Schulbegleitung, die die Aufgaben des Kindes übernehmen könnte. Und bitte sagen Sie nicht nach einem halben Jahr: „So, nun muss der Schüler das aber allein können - das muss er inzwischen gelernt haben." Nein hat er nicht, denn dass er Reize nicht filtern kann, begleitet ihn bis an sein Lebensende. Wir können lediglich im Laufe des Lebens lernen mit den Geräuschen, Gerüchen und Farben umzugehen - mehr aber auch nicht. Das kann Jahre, vielleicht sogar Jahrzehnte dauern.
Möglicherweise können ja auch andere Kinder eine Art Patenschaften übernehmen, wenn der Aspi keine Schulbegleitung hat. Also ihn nicht den ganzen Tag beaufsichtigen, aber vielleicht das eine oder andere Mal positiv auf den Aspi einwirken.

Bitte rufen Sie sich immer die oben beschriebene Situation ins Gedächtnis. Wie würde es Ihnen gehen, wenn Sie das durchleben müssten? Tag für Tag - Stunde für Stunde - Minute für Minute. Wir halten schon eine Menge aus, da wir es von klein auf nicht anders kennen. Dennoch ist es Schwerstarbeit, diese Zeit zu überstehen. Können Sie das verstehen?

Auch Sie sind nach einem Schultag bestimmt völlig am Ende und brauchen etwas Entspannung. Sie machen vielleicht Sport, treffen sich mit Freunden, legen ein paar Minuten die Füße hoch, schauen einen Film, machen ein Power Napping oder Ähnliches. Danach haben Sie wieder den Kopf frei und genügend Energie durchzustarten.
Bei uns funktioniert das nicht. Wir brauchen Stunden, nach manchen Situationen sogar Tage, um uns zu erholen.

Gerüche - *intensive Gerüche können auch einen Overload herbeiführen*

Gerüche vom Kochen oder von bestimmten Nahrungsmitteln können unerträglich werden. Wobei nicht gesagt ist, dass es unangenehm riecht - also im Sinne von „das Essen riecht ekelhaft". Für uns ist die Intensität entscheidend. Es ist auch nicht so, dass man erbrechen müsste. Es ist eher ein Gefühl, als würde die Luft zum Atmen genommen. Ich weiß nicht genau, wie ich es beschreiben soll. Es ist so intensiv in der Nase, dass man das Gefühl hat, es „beißt". Man möchte einfach nur weg. Die Reize sind „schmerzhaft".

In Messehallen oder zu Großveranstaltungen schweben auch manchmal abscheuliche Gerüche durch die Hallen - gelinde gesagt. Das ist ja oftmals schon für NT's grenzwertig - Sie kennen das garantiert auch. Einen Klassenraum zu betreten, in dem in der Stunde zuvor eine Horde pubertierender Jugendlicher unterrichtet wurde, ist alles andere als angenehm. Und nun stellen Sie sich vor: Gerüche, die Sie als angenehm wahrnehmen, nehmen Autisten so wahr wie Sie pubertierende Jugendliche. Keine schöne Vorstellung, oder? Auch übermäßiger Parfumgeruch kann für uns sehr lästig sein. Dezent riecht es gut, aber nicht, wenn es zu intensiv ist. Es gibt auch ein ‚zu viel des Guten'.

Farben / Lichtreize - *das Dunkel und die Stille der Nacht wirken oft beruhigend*

Ich will es mal so beschreiben, wenn meine Mum in „weißes" oder „kaltes" Licht schaut, könnte sie schreiend aus dem Raum laufen. Es ist ein Gefühl, als würde sie durchdrehen. Sie kann nichts mehr kontrollieren. Vielleicht ist das auch bei Ihrem Schüler so und er kann es nur nicht zuordnen. Versuchen Sie bitte herauszufinden, was der Auslöser für ein ungewöhnliches Verhalten ist.

Farben können uns auch überfordern. Alles ist bunt - egal, wo man hinschaut. Es ist eine Reizüberflutung, auch durch einzelne grelle und intensive Farben. Ihr Schüler wird Ihnen vielleicht sagen, was unangenehm ist. Flackerndes Licht kann wie bei einem Epileptiker ganz furchtbare Auswirkungen haben. Vielleicht nicht als Krampfanfall, aber man kann sich einfach nicht mehr kontrollieren - es ist wieder das Gefühl, als würde man durchdrehen. Man will einfach nur weg. Bunt kann unser Gehirn ebenfalls vollkommen überfordern, denn wir sehen nur Chaos.

Die Lampe beim Zahnarzt bringt mich zum Beispiel ans Limit. Ich halte das inzwischen aus, aber für den Rest des Tages bin ich platt.

Tatsächlich lieben viele Autisten die Dunkelheit. Gerade Kinder und Jugendliche mögen diesen ‚Schutz' der Nacht. Ich für mich kann sagen, dass mich die Stille beruhigt hat, keine Lichtreize und wenig Geräusche. Es ist noch heute unheimlich entspannend für mich, die Nachtrunde mit meinem Hund zu gehen, da es einfach nur ruhig ist und mir nur selten jemand über den Weg läuft.

Geräusche - *manchmal müssen wir den Raum verlassen*

Geräusche sind ja sowieso am schlimmsten. Viele Stimmen zeitgleich sind für uns Aspis der Wahnsinn schlechthin.
Sie können wirklich Schmerzen bereiten und Gewirr im Gehirn verursachen. Man kann sich das vielleicht nicht vorstellen, aber es tut tatsächlich weh. Wir empfinden es so, auch wenn es dafür keinen pathologischen Befund in dem Sinne gibt.

Musik wiederum, die wir mögen, können wir ganz laut hören. Sie bedeutet Abschottung von der Außenwelt und kann beruhigend wirken. Musik ist kontrollierbar.
Viele gehen gern auf Konzerte, da dort nur ihre Lieblingskünstler sind und sie die Texte, Melodien, Rhythmen toll finden.
Aber - wir sind auch da etwas anders, denn wenn uns ein Song gefällt, können wir diesen durchaus in Endlosschleife hören - immer wieder dasselbe Lied. Vielleicht ist es möglich, dem Schüler die Gelegenheit zu bieten, leise Musik zu hören, bevor er in die Überforderung geht. Ein Headset ist da ganz praktisch - manchmal auch nur in einem Ohr. Ja, das funktioniert, denn das machen meine Mum und ich auch und wir hören noch alles, was um uns herum passiert.

Viele Aspis sind so empfindlich, dass sie Töne hören, die andere gar nicht wahrnehmen. Häufig sind es hohe Töne, die als Schmerz empfunden werden. Natürlich halten wir das eine Weile aus, aber es braucht dann nur eine Kleinigkeit und wir „ticken" vollkommen aus.
Jeder fragt sich, was denn jetzt passiert sei. Doch die Zeit davor kostete so unendlich viel Kraft, dass ein kleiner Anlass ausreicht, um nichts mehr verarbeiten zu können.
Ein Hörschutz ist sicher auch eine Möglichkeit, aber nur, wenn der Reiz (z. B. Druck am Kopf) zu ertragen ist.
Ermöglichen Sie dem Schüler bitte eine Rückzugsmöglichkeit. Manchmal reicht auch schon ein Platz ganz hinten im Klassenraum - ein Sitzkissen oder Ähnliches, und da kann der Schüler vielleicht auch ein Headset oder eben Hörschutz tragen.
Wenn das alles nicht möglich ist, müssen die Kinder eben die Situation, also den Raum, verlassen. In dieser Zeit ist der Schüler im Übrigen nicht in der Lage, mit Ihnen zu kommunizieren. Eine Auszeit auf dem Schulhof kann auch Abhilfe schaffen.

Wie erholt sich denn nun eigentlich ein Autist?

Wir bräuchten Tage, um uns zu erholen - ergo haben wir keine oder selten Zeit, um aufzutanken. Selbst die Wochenenden reichen oftmals nicht aus. Wir sind quasi im Dauerstress, denn nicht selten ist nach der Schule nicht Schluss mit der Reizüberflutung. Am Nachmittag geht es oftmals weiter, ein Termin jagt den anderen: Ergotherapie, Psychotherapie, Logopädie und andere.
Er benötigt Stunden, manchmal Tage, sich von einem einzigen Ereignis zu erholen. Wir brauchen dann Ruhe und kaum oder keine sozialen Kontakte. Die Rituale sind in dieser Zeit das Wichtigste für uns. Sei es eine Serie, die wir immer und immer wieder schauen. Mit Legobausteinen spielen, je nachdem, was das Kind für ein Hobby hat. Musik hören oder Filme anschauen - immer und immer wieder die gleichen vertrauten Stimmen. Ein Jahr lang und länger kann die gleiche Serie, der gleiche Film oder auch nur ein Filmausschnitt laufen. Oftmals sind es auch PC-Spiele - von denen ich persönlich nicht so angetan bin. Noch schlimmer finde ich Spielekonsolen - die Kinder nehmen sie überall mit hin. Die Gefahr, nur noch in dieser virtuellen Welt zu leben, ist hoch. Das geht sehr schnell, denn in dieser „heilen" Welt kann uns nichts passieren - dort fühlen wir uns sicher.

Aber nicht nur das soziale Umfeld an sich kostet uns unheimlich viel Kraft. Das „Danach" an Gedankenchaos ist auch ein Problem. Wir müssen im Nachgang das Erlebte zerlegen, um so ein passendes Konstrukt zu finden, nicht noch mal zu versagen - oder es wenigstens ertragen zu können. „Die anderen können das ja auch" hören wir leider viel zu oft. Natürlich gelingt uns das nicht, denn wir können es schlicht und ergreifend nicht, da wir die Welt anders wahrnehmen. Wir können aber lernen, unsere Energie einzuteilen - wir machen das erfolgreich mit dem Kuller-System (siehe Kapitel 7).
Sollten wir unter höchster Anstrengung die Situation doch mal gemeistert haben, haben wir dennoch Angst, es beim nächsten Mal wieder falsch zu machen und dann ausgelacht oder mit erniedrigenden Kommentaren bedacht zu werden.
Da haben wir also in der Schule die Sinneseindrücke, die sozialen Kontakte/Interaktionen, die Emotionen und das Synapsenfasching - all das müssen wir kompensieren.

Ängste - *Versagensängste sind unser ständiger Begleiter*

Auch wenn wir mal etwas „richtig" gemacht haben, wird gleich wieder ein „Aber" angefügt. „Das war toll, aber beim nächsten Mal wird es noch besser, du musst dich nur noch mehr anstrengen." „Du hast die Aufgaben so schnell gelöst, du kannst doch, wenn du nur willst. Ich möchte, dass du dich beim nächsten Mal wieder so anstrengst." Furchtbar! Das Kind hat unter den vorherrschenden Bedingungen Schwerstarbeit verrichtet.

Die Aussagen implizieren, dass sich das Kind sonst keine Mühe gibt. Ohnehin wird ja Kindern gelegentlich Faulheit und Nicht-Wollen unterstellt. Egal, wie Kinder handeln, sie machen nichts grundlos. Vielleicht ist es der Ruf nach Aufmerksamkeit, weil es Probleme im häuslichen Umfeld gibt, sie aber nicht darüber reden können. Kein Kind wird böse geboren - äußere Einflüsse, Behinderungen oder Krankheiten formen die Kinder. Erlebnisse im privaten und schulischen Umfeld beeinflussen die Entwicklung und können die Kinder glücklich oder psychisch krank machen. Manche Kinder reagieren dann eben introvertiert und verträumt, andere aggressiv.

Außerdem weiß ein autistisches Kind noch gar nicht, warum es anders ist. Manche Autisten können sich nie so annehmen, wie sie sind. Andere, so wie mein Sohn Leo, lernen es im Laufe des Lebens. Dazu brauchte es aber viele Jahre psychotherapeutische Unterstützung, Geduld, Liebe und Verständnis seitens der Familie.

Was können Sie tun?

Loben Sie das Kind so oft es geht, ohne „wenn" und „aber". Knüpfen Sie keine Bedingungen an eine Aufgabe. Und wenn ein Kind eine Schulbegleitung hat, sprechen Sie bitte alle Vorhaben ab. Arbeiten Sie mit ihr und den Eltern zusammen. Achten Sie auf die ersten Anzeichen, die wir schon oben aufgeführt haben.

Wie können Sie mit solchen Situationen umgehen?

Achten Sie bitte darauf, dass das Kind genügend körperlichen Abstand zu anderen Personen hat. Meistens wissen Sie schon, ob sich das Kind berühren lässt oder ob Sie es mit Worten zur Ruhe bringen können. Ganz ruhig und liebevoll - nicht anschreien oder anderweitig unter Druck setzen.

Vielleicht können Sie dem Kind auch eine Hand auf den Rücken legen und eine Atemübung (siehe Anhang) anwenden.
Reden Sie mit dem Kind auf Augenhöhe (setzen Sie sich beispielsweise neben das Kind) und testen Sie sich heran, fragen Sie, was es möchte. Wenn es nicht mehr mit Ihnen reden kann, können Sie bei einigen Autisten gezielte Fragen stellen. „Ist alles in Ordnung?", „Sollen wir gehen?", „Möchtest du hier raus?" Oftmals können die Kinder noch nicken oder mit dem Kopf schütteln oder sie verlassen dann einfach die Situation. Wenn Ihr Schüler Fragen hasst, dann klappt vielleicht eine liebevolle Aufforderung. „Komm ... (bitte mit Namen ansprechen), lass uns rausgehen." oder „Du kannst rausgehen, wenn du magst.". Aber NICHT „Geh raus vor die Tür!", auch kontraproduktiv ist die Aussage: „Beruhige dich." Da bekomme ich jedes Mal eine Krise, denn wenn ich das könnte, wäre ich ja nicht so überfordert. Vollkommen unlogisch solche Aussagen. Suchen Sie eine Möglichkeit das Kind aus der Situation zu nehmen und ihm eine ruhige Umgebung zu schaffen (Ruheraum, Sekretariat, Schulhof etc.). Aber nicht als Bestrafung, sondern als Schutzraum für das Kind - sagen Sie das dem Kind bitte immer dazu.

Wichtig, wie schon erwähnt: Unterbrechen Sie das Kind nicht beim Stimming (siehe Kapitel 8), da dies das Kind beruhigt. Ein Zeichen zu vereinbaren kann helfen, dass das Kind Ihnen auch im Beisein anderer zu verstehen gibt, wann es ihm zu viel wird. Es gibt auch Karten mit vorgeschriebenen Sätzen oder Zeichen für verschiedene Situationen, mit denen das Kind sich bemerkbar machen kann. Im besten Fall sagt es Ihnen, was es braucht. Auch das Kuller-System kann in der Situation helfen. Sollte nur noch die vereinbarte Anzahl an Kugeln auf dem Brettchen liegen, wissen Sie, dass das Kind jetzt seine Ruhe braucht und nicht mehr angesprochen werden möchte.

5. Routinen / Rituale - *helfen uns, den Tag zu überstehen*

Sitzplan / Sitzplanänderung - *bitte nicht, bitte keine Veränderungen*

Bitte geben Sie dem Kind den Freiraum, den Sitzplatz selbst wählen zu dürfen. Gern sitzen die Kinder hinten, neben oder vor einer Wand und vor allem allein. Hat das Kind seinen Platz gefunden, setzen Sie es bitte nicht um. Jede Veränderung kann eine Katastrophe bedeuten.

In vielen Schulen findet man heutzutage die Vierertische. Diese sind nicht nur für autistische Kinder sehr anstrengend, sondern auch für „normale" Kinder. Man schaut nicht mehr nach vorn, sondern muss immer Verrenkungen machen, um nichts vom Geschehen zu verpassen.
Vor allem kommt man sich beobachtet vor. Es sitzt den ganzen Tag jemand gegenüber, einfach Horror, der Gedanke. Gruselig. Aber das, was an der Tafel steht, bekommt man nicht wirklich mit. Überhaupt einen Banknachbarn zu haben oder mitten im Raum zu sitzen kann Stress bedeuten. Gott sei Dank hatte ich die Vierertische nur in den ersten beiden Schuljahren - danach gab es wieder „ordentliche" Sitzreihen, sodass ich mitbekam, was an der Tafel stand, und ich konnte den Lehrer immer sehen. Mir reichte es völlig aus, während der Projektarbeiten mit anderen Schülern zusammenzusitzen.

In der Grundschulzeit kam es vor, dass ich nicht ganz hinten sitzen konnte. Das war furchtbar. Die ganze Zeit war ich damit beschäftigt, darüber nachzudenken, was denn wohl die Mitschüler hinter mir machten. Es war kein Geheimnis, dass sie mich nicht mochten. Ich wartete schon regelrecht darauf, dass die Schüler hinter mir ihrer Fantasie freien Lauf ließen. So „Nettigkeiten" wie am Stuhl ziehen, wenn der Lehrer nicht schaute. Meine Haare waren auch ein Magnet für sie oder ein Stift verirrte sich in meinem Rücken.

Natürlich machten das die Mitschüler sehr raffiniert und da ich nicht ruhig bleiben konnte und sie dann anschrie oder auch handgreiflich wurde, war ich immer der Schuldige. Die „netten" Mitschüler hinter mir schauten ganz unschuldig und waren erwartungsgemäß an nichts schuld. Sie gingen an meinem Tisch vorbei und rein zufällig fiel meine Federmappe runter. Ich konnte das nicht verstehen, so was macht man nicht. Keiner glaubte mir, immer wurde alles, was meine Mitschüler machten, entschuldigt. Logisch, ich konnte nicht ruhig bleiben, denn ich hasse Ungerechtigkeit. Ich kann und will gar nicht falsch und raffiniert sein wie die anderen, denn das ist keine schöne Eigenschaft.

Ich könnte Ihnen noch viel mehr Erlebnisse aufschreiben, aber das hat hier nichts zu suchen. Was ich Ihnen aber damit sagen möchte, ist, nehmen Sie das autistische Kind ernst. Hinterfragen Sie und machen Sie das Kind nicht für sein „Fehlverhalten" verantwortlich. Vielleicht steckt ja, wie bei mir, ein Grund hinter dem aggressiven Verhalten. Jedenfalls fand ich es immer ‚entspannend', allein und hinten zu sitzen.

Routinen - *sind nicht wegzudenken*

Unser Gedankenchaos beginnt bereits mit dem Wachwerden und es begleitet uns bis in den Schlaf.

Oh nein, heute wieder der Stress in der Schule. Ich muss sofort aufstehen. Ich muss mich sofort fertig machen. Hoffentlich kommt nichts dazwischen.

Das war so klar, das Bad ist noch besetzt. Oh nein, mein Bruder Tobias ist noch nicht fertig, ich schaffe meinen Zeitplan nicht mehr. Ich muss dazu sagen, dass ich immer eine Stunde, bevor ich das Haus verließ, aufstand. Dennoch, für mich war das eine Katastrophe, obwohl ich prinzipiell ausreichend Zeit hatte. *Jetzt redet auch noch Mama auf mich ein.* „Leo, mach dir doch keinen Stress, das schaffst du alles noch." *Nein, schaffe ich nicht.*

Für mich hieß es: Aufstehen, meine Sachen nehmen (ich legte am Abend zuvor immer alles zurecht) und ins Bad. Waschen, Zähne putzen, Toilette, eben alles, was dazu gehört. Das dauerte genau fünfzehn Minuten. Danach zog ich mich an. Das Frühstück war schon vorbereitet - meine Mum stand immer vor uns auf. Während wir frühstückten, belegte unsere Mutti die Schulbrötchen. Sie konnte diese ja nicht vorher fertig machen, denn wir entschieden am Morgen erst, auf was wir Appetit hatten. Ich machte mir schon während des Essens Gedanken, was mich heute wieder in der Schule erwartet. *Ich brauche genau fünfundzwanzig Minuten für das Frühstück. Danach will ich noch in mein Zimmer.* Ich tauchte noch mal kurz in meine Welt ein - Lego spielen oder mit meinem Kissen auf dem Bett liegen. *Dann habe ich noch fünf Minuten Zeit mich anzuziehen. Das schaffe ich nicht. Ich kann nicht mehr in mein Zimmer gehen.* Ich war schon völlig durch den Wind, bevor ich zur Wohnungstür raus bin. Mein Bruder und ich gingen in dieselbe Grundschule - doch wenn mein Bruder nicht auf die Minute fertig war, ging ich schon mal allein los. Er war und ist tiefenentspannt. Ob er fünfzehn oder zehn Minuten vor dem Stundenklingeln in der Schule war, war ihm egal. Hauptsache er war da und vorbereitet, wenn es zur Stunde klingelte und das schaffte er auch immer.

Er hatte viele Freunde und keinerlei Probleme mit seinen Mitschülern. Alle waren fröhlich. Tobias machte sich nicht so viele Gedanken. Noch heute macht er sich nicht so viel Stress. Er lebte schon immer im Hier und Jetzt. Ich hingegen musste mir über alles Gedanken machen. Wenn ich das und das mache, was hat das für Folgen, was passiert dann? Ist das sinnvoll, logisch nachvollziehbar?

Tobias wundert sich noch heute häufiger und sagt zu mir: „Mensch Junge, was machst du dich so fertig? Was weiß denn ich, was nach meinem Studium ist? Ich will die anstehenden Prüfungen bestehen, über alles andere mach ich mir Gedanken, wenn es so weit ist. Bis dahin hat sich noch so viel geändert. Macht keinen Sinn, sich den Kopf darüber zu zerbrechen."

Wir (meine Mum und ich) schauen ihn dann immer etwas fragend, aber auch beneidend, an. Vielleicht auch eher bewundernd. Wir wären auch gern so unbeschwert wie er.
Meine Gedanken machten mir aber immer noch zu schaffen: *Was werden die anderen Kinder heute wieder anstellen, um mich zu ärgern? Schreiben wir wieder eine Arbeit, die nicht angekündigt ist? Muss ich vor der Klasse sprechen? Stellt mir die Lehrerin eine Frage im Unterricht? Alles ist dann weg. Ich bin wie gelähmt. Bekomme ich wieder so ein blödes Arbeitsblatt mit bunten Wörtern und vielen Sprechblasen? Alles ist immer so unsortiert - überall steht was - keine klare Aufgabenstellung. Ich muss mir zusammensuchen, was ich machen soll. „Einfach" oder besser strukturiert geht scheinbar nicht mehr.*
Die ersten beiden Jahre der Grundschulzeit mit der vielen Freiarbeit - jeder macht, was er will und wann er will -, dazu noch die Altersmischungen - ein Unding für viele autistische Kinder -, ständig quasselt ein Lehrer oder ein Schüler. Das ist einfach gruselig! Der eine Schüler holt sich ein Arbeitsblatt, der nächste geht raus, weil er überfordert ist. Ein anderer Schüler stellt zum dritten oder vierten Mal dieselbe Frage. Keine Struktur, kein Plan. Das war die Hölle für mich. Sicher, auch ich hätte den Klassenraum verlassen dürfen, nur sah ich darin keinen Sinn. Wenn ich von fünfundvierzig Minuten Unterricht circa fünfundzwanzig Minuten im Ruheraum bin, die Zeit hätte ich definitiv beansprucht, brauche ich auch nicht in die Schule zu gehen.
Mal logisch nachgedacht:
Ich kann circa fünfundzwanzig Minuten im Klassenraum bleiben, danach gehe ich raus. In der Zwischenzeit geht die Lehrerin logischerweise weiter im Unterrichtsstoff. Ich verpasse also ziemlich viel. Entweder hole ich zu Hause alles nach - was heißt, ich habe kaum Freizeit - oder mir fehlt der Stoff schlicht und ergreifend. Jetzt meine Frage: Warum gehe ich dann in die Schule? Ich lerne nicht viel, kann meine Fähigkeiten nicht zeigen und nicht umsetzen.
Da haben wir es wieder - eine Handlung muss bei mir Sinn ergeben. Und dieses Konzept macht keinen Sinn. Es hilft weder dem autistischen Kind, noch den Mitschülern und auch nicht den Lehrern.
Es richtet viel mehr Schaden an als die Förderschulen, die inzwischen reihenweise abgeschafft wurden und weiterhin werden. Schulen, die sich bewährt haben und in denen besondere Kinder optimale Lernmöglichkeiten hatten. Ich meine damit vorwiegend Förderzentren, in denen man einen Realschulabschluss erlangen kann/konnte. Homeschooling ist auch eine hervorragende Alternative. Und NEIN, wir vereinsamen nicht, denn wir sind gern allein und das ist gut so. Zwischen allein sein und einsam sein, liegen Welten.

Ich musste zu Hause das unsortierte Chaos vom Vormittag verarbeiten. Ich brauchte viel Ruhe und Zuwendung, meine Routinen und Rituale.

Ab der dritten Klasse hatten wir, Gott sei Dank, Frontalunterricht. Keine Mitschüler, die durch das Klassenzimmer liefen. Keine Lehrerin, die permanent von einem Kind zum anderen „rennen" musste. Frontalunterricht war für mich perfekt. Ich fand, dass sich auch die anderen Schüler ruhiger verhielten. Natürlich sind Freiarbeit und Projektarbeit auch sehr wichtig, aber eine gewisse Struktur ist für jedes Kind von Nöten. Ich brauche kein Psychologiestudium um zu wissen, dass permanenter Stress für Kinder nicht gut ist. Für jedes „normale" Kind ist es schon Schwerstarbeit sich zu konzentrieren.

Jedenfalls war es für mich wesentlich einfacher dem Frontalunterricht zu folgen, denn meist war alles klar strukturiert. Außerdem kann ich Wissen rasch aufnehmen. Oftmals sind Autisten Theoretiker. Und da kommen wir wieder auf ein Vorurteil zurück: Autisten können keine Künstler sein. Natürlich gibt es auch sehr viele Künstler unter Autisten - auch Künstler, die in einer ganz anderen Branche tätig sind und/oder beispielsweise Rechtswissenschaft studiert haben. Kunst ist für viele Menschen ein Ausgleich um Emotionen und Eindrücke zu verarbeiten.

Hochbegabte Autisten können sich natürlich sehr schnell Fachwissen aneignen und dieses auch umsetzen/anwenden. Sicher kommt das durch unsere Fähigkeit logisch analytisch zu denken und sehr rasch zu schlussfolgern.
Aber auch hier kommen wir wieder zu dem Ergebnis: All das funktioniert nur, wenn wir unsere Ressourcen nicht in die Kommunikation mit NT`s einbringen müssen und wir eine ruhige Umgebung haben. Sehr gern versuchen viele Autisten in den Pausen oder in ihrer Freizeit Kontakte aufzubauen, denn gelegentlich haben wir gern Freunde um uns herum, aber bitte nicht im Unterricht.

Inklusion ist für alle nicht einfach. Weder für die Mitschüler, noch für die Lehrer, geschweige denn für die Betroffenen. Autisten haben ganz andere Bedürfnisse als der Rest der Klasse. Teamarbeiten beispielsweise sind für viele autistische Kinder in den ersten Jahren der Schulzeit ein Graus und nicht ohne erheblichen Aufwand an Ressourcen machbar. Allerdings sind diese Schüler bereit, das Projekt allein zu erarbeiten. Ich löste Aufgaben, die andere über eine Stunde im Team erledigten, häufig in kürzester Zeit allein. Knobelaufgaben, Denkaufgaben, in denen logischer, analytischer Verstand gefragt war. Tatsächlich waren einige Lehrer überrascht, dass ich das so gut konnte.
Bitte zwingen Sie Aspis nicht zu Projekten, die sie mit anderen Kindern erarbeiten sollen. Fragen Sie vorher. Irgendwann, wenn wir mit uns selbst umgehen können, werden einige Autisten auch versuchen, mit anderen zusammenzuarbeiten. Manche können das aber nie erlernen, und auch das sollte man respektieren.
Apropos Rituale ... Was ich noch zum Thema Kleidung erwähnen sollte: Da wir uns ungern an Neues gewöhnen, kaufen Eltern Kleidung, die uns gefällt, gleich mehrmals. Das heißt, das Kleidungsstück, welches uns gefällt, wird dann gleich drei oder vier Mal gekauft, nach Möglichkeit auch in größeren Größen. So gibt es schon mal am Morgen keine Probleme mit der Wahl der Anziehsachen. Gleiches gilt für Schuhe. Wundern Sie sich also nicht, wenn der Schüler immer die gleichen Kleidungsstücke trägt - es sind nur die gleichen, nicht dieselben.

6. Blick- und Körperkontakt - *och nö, das muss nicht sein*

Das ist ausnahmsweise kein Vorurteil - es gibt tatsächlich wenig Autisten, die problemlos Blickkontakt halten können. Wir hören aber ja, wie jeder andere Mensch auch, mit den Ohren und nicht mit den Augen. Insofern ist das nicht so dramatisch. Für uns ist es sogar einfacher, wenn wir unser Gegenüber nicht anschauen müssen. Um zuhören zu können, suchen sich Autisten oftmals einen Punkt im Raum, um von nichts abgelenkt zu werden, denn so kann das Gesagte des Gegenübers aufgenommen werden. Müssen wir dennoch Blickkontakt halten, darauf bestehen ja viele Menschen, werden wir kaum in der Lage sein, das Gesagte zu verarbeiten oder zu reden. Angst steigt in uns auf, denn wir wissen nicht, wie wir mit der Situation umgehen sollen. Möglicherweise kommt es dann zum Overload, wenn Sie darauf bestehen und das Kind unter Druck setzen, Blickkontakt zu halten. Was noch wichtig ist zu erwähnen, wenn Sie das Kind permanent anschauen, kann es auch in Panik und Unsicherheit geraten und sogar ziemlich schnell in einen Meltdown verfallen.

Viele bekommen gelehrt, dass sie ihrem Gegenüber in die Augen schauen müssen und befolgen auch die Anforderungen der Gesellschaft, aber es fällt ihnen schwer und sie können das Gehörte kaum verarbeiten. Eigentlich egal, was wir machen. Schauen wir unserem Gegenüber nicht in die Augen, haben wir keinen Anstand. Halten wir Blickkontakt, weil wir dazu angehalten werden, können wir auf das Gesagte nicht reagieren. Egal wie, es ist ‚falsch'.

Warum können wir das nicht?
Zum einen finde ich es persönlich sehr unangenehm, es bringt mich komplett durcheinander, wenn ich „beobachtet" werde. Ich werde unsicher, überlege, was ich falsch gemacht habe.

Wie verhalte ich mich richtig? Was erwartet mein Gegenüber? Werde ich den Anforderungen gerecht? Ich habe keine Chance, mich auf das Gespräch zu konzentrieren. Ich kann auch an der Gestik und Mimik meines Gesprächspartners nichts „ablesen". Es macht mir schlicht und ergreifend Angst, denn ich weiß nicht, was der andere denkt. Den Unterschied zwischen einem Menschen, der lächelt, traurig oder wütend ist, den bekomme ich hin, aber die vielen Nuancen dazwischen sind schwierig. Es bringt mich ganz und gar aus dem Konzept, wenn ich während eines Gespräches rätseln muss, wie mich mein Gegenüber anschaut und was von mir erwartet wird. Wenn dann noch ein aufgesetztes Lächeln hinzukommt, bin ich völlig raus und könnte eigentlich gleich den Raum verlassen.

Zwingen Sie bitte die Kinder nicht Sie anzuschauen und setzen Sie die Kinder nicht unter Druck. Kinder schauen auch gern auf den Boden oder suchen sich einen Punkt im Raum, den sie quasi anstarren können. Sie können trotzdem mit dem Kind reden, es hört sie. Alle sonstigen Eindrücke können so aber ausgeblendet werden (siehe auch Kapitel „Wahrnehmung").

Körperkontakt

Wie oben schon ausführlich beschrieben, können Berührungen jeglicher Art Panik auslösen. Autisten mögen es nun mal nicht, wenn sie von fremden Personen angefasst werden. Sollten Sie das Kind dennoch anfassen, wundern Sie sich bitte nicht, wenn das Kind aggressiv wird und anfängt zu schreien oder schlagen.

Nehmen Sie sich die Zeit und fragen Sie das Kind, ob Sie es im Unterricht berühren dürfen: Hand auf die Schulter legen oder die Hand führen, beispielsweise beim Schreiben, Malen oder Schneiden. Diese Informationen brauchen auch die Mitschüler.

Bitte bedenken Sie das auch immer bei der Sitzordnung. Autistische Kinder haben schon so ihre eigene Ordnung in der Heftführung, im Rucksack, auf dem Tisch etc. Deshalb ist es wirklich von Vorteil, den Schüler wählen zu lassen, ob er einen Banknachbarn möchte oder nicht.

7. Mimik - *bitte kein Servicelächeln*
Ehrlichkeit - *geben wir nicht immer freundlich kund*
Ironie / Sarkasmus / Interpretation - *können einige Autisten zu deuten lernen*

Ich kann so gar nicht damit umgehen, wenn ich Menschen zum ersten Mal begegne und sie schauen mich entweder übertrieben freundlich oder mürrisch an.
Ein leichtes Lächeln oder ein Lächeln, bei dem die Augen involviert sind, also ein ehrliches Lächeln, ist viel entspannter. Das gibt Sicherheit.

Natürlich weiß ich auch, dass die wenigsten Autisten alles andere als freundlich schauen, wenn sie sich in einer fremden Umgebung befinden. Oft schauen sie ausdruckslos - ohne Gestik und Mimik.

Wir haben auch schon oft gehört: „Wenn man dich sieht, bekommt man gleich schlechte Laune. Du guckst immer böse."

Wir schauen nicht böse, wir konzentrieren uns auf die Menschen, die uns begegnen, die Umgebung. Wir scannen sozusagen die Lage und dabei können wir unmöglich noch auf unsere Gestik und Mimik achten. Das liegt aber nicht daran, dass wir die anderen nicht mögen, sondern dass wir die vielen Eindrücke irgendwie kompensieren müssen. Wir meinen das wirklich nicht böse.

Meistens merken wir das gar nicht. Im Laufe der Jahre lernen wir jedoch einen angemessenen Gesichtsausdruck einzuüben, aber das wirkt irgendwie starr. Ihr Schüler wird sicher irgendwann „auftauen" und die Situation ist nicht mehr ganz so angespannt. Aber bitte erwarten Sie nicht, wenn Ihr Schüler am nächsten Tag in die Schule kommt, dass er dann gut gelaunt herumläuft und schon alles kennt. Nein, jeder Tag ist für uns eine neue Herausforderung. Bitte haben Sie Geduld und Verständnis. Ihr Schüler wird mit Ihrer Hilfe vieles erlernen.

Die direkte und ehrliche Art vieler Autisten birgt viele Missverständnisse in sich. Häufig wird unsere Ausdrucksweise falsch verstanden. Kinder wirken altklug, vorlaut, unerzogen... schlicht und einfach: unmöglich. Erwachsene - falls Sie auch autistische Elternteile haben - können ebenfalls sehr impulsiv sein. Mein Sohn sagt immer, ich wäre passiv aggressiv. Leider merke ich das nicht, weil das immer dann passiert, wenn ich maßlos überfordert bin, die anderen nicht verstehe und sie mich nicht. In manchen Gesprächen bin ich wie gelähmt, ich finde nicht die richtigen Worte und sage dann plötzlich genau das, was mir in den Kopf kommt. Das ist nicht gut, denn es klingt nicht freundlich. Ich glaube, ich erwarte von den anderen, dass sie meine Gedankengänge nachvollziehen können und die Logik dahinter verstehen müssen. Für mich muss alles logisch durchdacht sein und Sinn ergeben. Das ist ein Automatismus, den ich nicht stoppen kann. Ich vergesse dann, dass die anderen nicht in meinem Kopf sind und nicht so denken wie ich.

Aber ebenso wie Ihr Schüler sich ausdrückt - klar, offen und ehrlich -, erwartet er das auch von Ihnen. Deshalb ist es so schwer, Ironie oder Sarkasmus zu verstehen. Das gesprochene Wort ist bindend. Wir nehmen alles wortwörtlich. Wir interpretieren nichts in Ihre Aussage hinein. Das, was Sie sagen, ist in dem Moment auch genau so gemeint.
Und wenn Ironie ins Spiel kommt, fühlt sich Ihr Schüler angegriffen - logisch. Über die „falsche" Reaktion braucht man sich dann nicht zu wundern.
Wir müssen uns auf die Aussagen der anderen verlassen können, denn das gibt uns Sicherheit. Wir können nicht intuitiv handeln. Soziale Interaktionen können wir nur mühsam erlernen. Bis wir gelernt haben, dass andere oftmals schwindeln, gerade wenn es darum geht, Vorteile aus einer Sache zu ziehen -, können Jahre vergehen. Erwachsene, auch Lehrkräfte, werden gern sarkastisch oder ironisch, um Kinder manchmal aus der Reserve zu locken. Vielleicht auch, weil ein Lehrer selbst überfordert ist und sich ebenfalls angegriffen fühlt - das ist menschlich und auch verständlich. Aber bitte fühlen Sie sich keinesfalls von einem Autisten angegriffen. Er kann sich oftmals nicht anders wehren.
Mitschüler zu erkennen, die andere mobben, ausnutzen oder veralbern, das kann lange dauern. Allerdings lernen wir durch solche Verhaltensweisen, dass es scheinbar ,normal' ist zu lügen.
Wenn wir die Wahrheit sagen, kommen wir nicht weiter. Entweder wird uns nicht geglaubt oder wir sind vorlaut, weil wir das sagen, was wir denken. Sicher, wir treffen nicht immer die passenden Worte, aber dennoch finde ich es besser, zu sagen, was man denkt - also ehrlich zu sein -, als lange darüber nachzudenken und zu schwindeln. Durch die für uns unschönen Erlebnisse lernen wir nur, niemandem mehr zu vertrauen. Ich glaube aber, dass es vielen Kindern und Erwachsenen so geht. Allerdings haben die meisten den Vorteil zu erkennen, wenn sie angeschwindelt werden.

Dann gibt es Menschen, die sagen: „Wie kann man so naiv und dumm sein und alles glauben? Der/die ist doch falsch, merkst du das nicht?"
Nein, ich merke das nicht. Und ich finde es nicht dumm, wenn man vertrauen kann. Ich finde es dumm, falsch zu sein und andere auszunutzen, zu hintergehen.

Interpretation beherrschen die wenigsten Autisten. Das liegt an den oben genannten Abläufen. Und nein, wenn ein Autist nicht interpretieren kann, wird er es nie intuitiv können - egal wie lange er die Schule besucht. Er kann natürlich lernen, die Regeln aufzusagen, aber er kann sie nicht anwenden. Ich wusste nie, was ich schreiben soll. Diese Frage: „Was könnte der Dichter mit seinen Worten gemeint haben" machte mich wahnsinnig. *Woher zur Hölle soll ich das wissen? Wahrscheinlich das, was er geschrieben hat. Er hätte ja sonst etwas anderes hingeschrieben.* Ob Goethe tatsächlich depressiv war, als er über blaue oder grüne Vorhänge schrieb, wage ich anhand eines Gedichtes nicht zu beurteilen. Für mich ist dies eine Spekulation und keine Interpretation. Für mich ist das bindend, was dasteht.

Wie können Sie reagieren?

Werden Sie bitte nicht herablassend und weisen Sie das Kind nicht zurecht, sondern hören Sie ihm zu. Manchmal haben auch Kinder ganz tolle Ansichten. Das Kind wird Sie als Gesprächspartner ernst nehmen. Die meisten Autisten unterhalten sich gern mit Erwachsenen - eher weniger mit Gleichaltrigen. Wenn es Ihnen ein Vorkommnis aus seiner Sicht schildert, dann glauben Sie ihm das bitte.
Führen Sie keinen Machtkampf mit den Schülern. Solche Sätze wie: „Ich sitze am längeren Hebel, wir werden sehen, wie deine nächste Kontrolle ausfällt." - am besten natürlich mündlich - sind nicht angebracht. Machen Sie sich die Schüler zum Freund und alle sind viel entspannter. Es ist ja auch kein angenehmes Arbeiten, wenn weder Sie Lust haben eine Klasse zu betreten, noch wenn die Kinder schlecht drauf sind. Zum Thema Interpretation lesen Sie bitte das Kapitel 13.

8. Stimming (selbststimulierendes Verhalten) - *unabdingbar, so kompensieren wir Stress*

Bitte bedenken Sie immer, wir haben eine Kontakt- und Kommunikationsschwäche.

Diese Art der Beruhigung - Stimming, in welcher Form auch immer - ist nicht wegzudenken aus unserem Leben und wie schon erwähnt, bitte unterbinden Sie das auch nicht. Ich weiß, es nervt manchmal. Jedoch haben wir uns viele Situationen nicht ausgesucht und wir müssen ja soziale Kontakte aufbauen, obwohl wir das gar nicht in der Form möchten, wie es uns auferlegt wird. Wir sind genauso überfordert wie Sie als Lehrkraft.
Die einen zappeln permanent mit den Beinen, andere spielen mit den Fingern, kauen auf den Nägeln, sortieren die Arbeitsmaterialien oder kippeln - natürlich ist das gefährlich und es wäre schön, wenn man dem Kind in Ruhe erklärt, was dabei alles passieren kann und man eine andere Möglichkeit findet, dem Kind zur Ruhe zu verhelfen - aber manchmal ist das eben nicht möglich. Manche geben unbewusst Geräusche von sich - so wie ich es zum Beispiel immer tat. Ich bemerkte selbst sehr selten, dass ich Zug-, Schuss- oder Explosionsgeräusche von mir gegeben habe. Aber irgendwie musste ich alles kompensieren. Ich sortierte meine Stifte oder war einfach nur in Gedanken versunken. Ich hatte weder ADS noch ADHS, denn meine Abwesenheit bezog sich ausschließlich auf meine Angst und meine Panik, wieder etwas falsch zu machen. Ich musste ja überlegen, was die Lehrerin von mir will und was die Mitschüler erwarten. Ich verstand sie nicht und ich wusste absolut nicht, wie ich mich „richtig" hätte verhalten sollen. Ich musste andere Geräusche übertönen und ich konnte durch das Stimming andere Eindrücke verarbeiten und ausblenden.
Es gibt auch autistische Kinder, die „schimpfen" oder mit Schimpfwörtern um sich schmeißen, um die angestaute Wut über geschehene Erlebnisse, ungeplante Situationen oder sich selbst, einfach rauszulassen, um so, alles zu kompensieren. Oder sie verletzen sich selbst, schlagen Körperteile gegen die Wand. Im Prinzip ist alles denkbar. Und nein, das ist kein Tourette-Syndrom oder Ähnliches, das ist Stimming.
Zu Hause oder in einer Umgebung, in der sich das Kind wohlfühlt, passiert das eher selten. Ich selbst war zu Hause die Ruhe in Person. Ich hatte meine Rituale, immer wiederkehrende Gewohnheiten und vor allem hat man mich in meiner Familie angenommen, so wie ich war. Es passierte auch selten etwas Unvorhergesehenes. Ansonsten, das gebe ich zu, hatten alle keinen Spaß.
Selbstredend weiß ich, dass man im Schulalltag nicht alles minutiös planen kann. Dennoch ist es wichtig, in der Schule einen Ausgleich, für die stressigen Situationen zu finden. Stimming ist auch ein Grund, warum wir zwei Kugeln zu unserem Kuller-System dazu geben. Man kann die kleinen Holzkugeln hervorragend in der Hand hin und her bewegen und es macht nicht so viel Lärm.

9. Motorik - *der Elefant im Porzellanladen*
Haptik - *das fühlt sich ganz fürchterlich an*

Motorik - auch so ein Problem, welches viele Autisten häufig verzweifeln lässt. Die meisten Autisten sind nicht wirklich motorisch begabt - eher der „Elefant im Porzellanladen“. Ständig fällt etwas aus der Hand - vor allem, wenn wir nebenbei noch mit anderen Dingen beschäftigt sind oder angesprochen werden. Plötzlich geht Spielzeug kaputt. Natürlich gilt das nicht für alle Autisten und oftmals können die Kinder, die motorische Probleme haben, auch durch Ergotherapie lernen, mit ihren Gliedmaßen umzugehen. Aber Ballspiele jeglicher Art sind trotz Ergo nicht mein Ding. Oh je, in der Schule, wenn Mannschaftssport wie Basketball oder Ähnliches anstand, haben das meine Mitschüler ebenso gehasst wie ich, wenn es hieß: „Leo spielt bei euch mit.“

Entweder ich rannte sie um, sie bekamen den Ball an den Kopf oder das Team hat verloren, weil ich den Ball gar nicht erst auffangen konnte.

Mein Füller war der Belastung auch so gar nicht gewachsen. Die Feder verbog sich ständig, obwohl ich doch auch ‚nur‘ versuchte zu schreiben. Ich durfte zeitnah auf einen Roller-Pen umsteigen. Die Handhabung gestaltete sich dann einfacher.
Was ich an dieser Stelle aber noch erwähnen möchte - in der Grundschule durften wir keinen Tintenkiller oder Ähnliches benutzen, wir mussten falsch geschriebene Wörter durchstreichen und dahinter noch mal schreiben. Das störte und stört mein Schriftbild sehr. Ich habe mich lange Zeit geweigert weiterzuschreiben. Vielleicht können Sie den Schülern die Schreibutensilien gewähren, die er/sie benutzen möchten. Es gibt viele Stifte, die man wegradieren kann. Und ganz ehrlich, es sieht wirklich gruselig aus, wenn alles durchgestrichen ist. Das Durchstreichen kann eine so große Belastung für die Kinder bedeuten, dass es ihr Lernen blockiert.
In den höheren Klassen wird das Problem mit der Feinmotorik auch mit dem Zirkel, Lineal et cetera bestehen. Geometrie kann zu einem Akt der Verzweiflung werden. Bitte haben Sie dafür Verständnis, wenn die Linien nicht gerade sind, das Lineal verrutscht oder die Striche über drei Seiten durchdrücken.

Ausmalen oder im Allgemeinen Kunstunterricht kann eine komplette Überforderung bedeuten. Die Finger machen einfach nicht das, was sie sollen. Da passiert es schon mal, dass wir über den Rand malen. Es ist nicht so, dass wir keine Phantasie hätten, nein, wir können nur nicht das malen, was unsere Gedanken uns vorgeben. Es hapert in der Tat an der Umsetzung und Ausführung, wie bereits eingangs beschrieben. Bitte berücksichtigen Sie das bei der Benotung. Kunst und Werken sind ohnehin Fächer, in denen man ganz stark von der Gunst der Lehrer abhängig ist. Die wenigsten Lehrer beurteilen Zeichnungen, Plakate oder Ähnliches objektiv. Meist haben auch Sie eine bestimmte Vorstellung, die natürlich der Schüler nicht kennt, und schon kommt es zu Missverständnissen und man bekommt eine schlechte Note, obwohl vielen anderen die Zeichnung gefällt. Ebenso ist es im Werkunterricht. Man sollte die Mühe der Kinder berücksichtigen und nicht, ob ein Werkstück oder Kunstwerk perfekt ist. Diese beiden Fächer habe ich während meiner gesamten Schulzeit gehasst. Ich kann nicht malen. Ich bin froh, dass ich durch die Ergotherapie leserlich schreiben kann und ich interessiere mich auch nicht so sehr für Kunst. Ich schaue mir gern Kunstwerke an, aber ich kann und will nicht malen oder zeichnen. Ich kann auch nicht basteln. Will ich auch nicht. Ich mag keine „Rumstehchen“ (Dekoration). Ich versuche mal zu erklären, was ich damals dachte und natürlich auch so den Lehrern mitteilte.
Wir sollten im Werkunterricht eine Schale aus Ton, als Geschenk für unsere Eltern, formen.
Erstens: Ton ist ekelhaft, wenn er feucht ist - man bekommt dreckige Hände und die Haptik ist unangenehm.
Zweitens: Ich will das Zeug nicht anfassen, muss aber, sonst bekomme ich eine schlechte Note, also bin ich bockig und stur - ein unwilliges Kind.

Keiner hat darüber nachgedacht, dass es mich unendlich viel Überwindung kostet die Hände damit zu beschmutzen. Ich konnte mich ja auch noch nicht so ausdrücken und mein Problem benennen. Für mich war es ekelhaft.

Drittens: Wie sollte ich das überhaupt anstellen? Ich kann meine Hände gar nicht so koordinieren, dass ich etwas Rundes formen kann.

Viertens: Mein Kopf schaltet sich ein und fragt sich: Warum mache ich das eigentlich? Da ich nicht doof bin, weiß ich, dass mein „Kunstwerk" hässlich aussieht - im Übrigen auch das von vielen anderen Kindern - und dass es nicht benutzt werden wird. Für was auch???

Meine Mutti freute sich nicht wirklich über die Basteleien. Sie lobte mich immer, wie sie es schon bei meinen Geschwistern tat, aber sie war und ist eine ganz schlechte Lügnerin. Man merkt es ihr sofort an, wenn sie schwindelt. Außerdem kannten wir sie gut genug, um zu wissen, dass sie „Rumstehchen" auch nicht mag. Sie verteidigte Selbige aber immer, wenn Besuch kam und frug: „Warum hast du so ein hässliches Teil hier stehen?" Sie sagte dann: „Die sind nicht hässlich, das haben mir meine Kinder gebastelt!" und strahlte. Und nein, sie gefielen ihr nicht. Sie wurden nach einiger Zeit in einen Karton gepackt und in den Keller gestellt. Es musste alles aufgehoben werden. Inzwischen steht wieder alles voll mit Basteleien von ihren Enkelkindern.

Für mich war das reine Materialverschwendung. In den meisten Familien flog das Geschenk gleich in den Müll, so erzählten die anderen Kinder. Manches kam gar nicht erst zu Hause an.

Genau so sagte ich das auch den Lehrern. Ich teilte ihnen mit, dass es reine Material- und Zeitverschwendung ist, da die Kunstwerke hinterher in den Müll fliegen. Selbstredend waren die Lehrer über solche Aussagen nicht begeistert.

Ich sagte im Übrigen immer meine Meinung, egal ob das der Lehrer hören wollte oder nicht. Ich war nicht frech, aber viele meinten, ich würde mich herablassend ausdrücken. Ich wollte wirklich niemanden damit verletzen - nur einfach meine Ansicht über bestimmte Situationen mitteilen. Das war nicht immer die richtige Tonart oder Ausdrucksweise, das weiß ich inzwischen. Aber dennoch, ich hatte ja im Prinzip recht. Es dauerte viele Jahre (bis zum Ende der neunten Klasse), bis ich eine andere Möglichkeit der Kommunikation erlernen konnte. Die ist zwar für andere wesentlich angenehmer, kostet mich aber unheimlich viel Energie und Kraft.

Ich möchte Ihnen anhand dieser Beispiele zeigen, dass ein Autist das wirklich nicht böse meint, sondern dass wir auf einige Dinge einen anderen Blick haben. Alles muss einen Sinn ergeben.

Die Haptik kann tatsächlich zu einem ganz großen Problem werden. Verschiedene Materialien oder auch Nahrungsmittel können Schmerzen verursachen. Wir empfinden das tatsächlich so. Gerade Kleidung oder verschiedene Werkstoffe können die Kinder nicht anfassen. Sie können sie nicht berühren. Gott sei Dank durfte ich meine Kleidung immer selbst heraussuchen. Ich trage noch heute nur Baumwolle auf der Haut, sonst kriege ich eine Krise.

Es gibt auch Kinder, die Schmerzen verspüren, wenn sie mit Wasser in Berührung kommen. Oftmals können sie aber wenigstens Feuchttücher im Schulalltag benutzen.

Bitte machen Sie kein Drama daraus, wenn sich der Schüler beispielsweise nach dem Kunst-, Schulgarten- oder Werkunterricht nicht die Hände wäscht.

Sollte Ihr Zögling in der Tasche kramen und Feuchttücher herausholen wollen, weil er in der Stunde die Toilette besuchen muss, dann lassen Sie ihn einfach. Es ist dem Kind schon peinlich genug, sich nicht die Hände waschen zu können. Wenn der Schüler allerdings so gar keine Hygienemaßnahmen zulässt, sollten Sie doch das Gespräch mit den Eltern suchen.

Auch im Sportunterricht kann es zu Differenzen kommen. Das Material der Matten ist alles andere als angenehm - egal ob mit Gummierung oder diese gruseligen Filzmatten. Manche Kinder möchten das auch nicht berühren, weil sie übermäßig pingelig sind. Alles müssen sie reinigen. Am liebsten würden sie alles, was sie anfassen, desinfizieren. Schmutzige Kleidung kann ebenfalls in einer Katastrophe enden. So war das bei mir zum Beispiel. Meine Mum hat manchmal eine Krise bekommen, da ich mich zig Mal am Tag umgezogen habe - umziehen musste.

Auch das kann ein Punkt sein, warum sich ein Aspi nicht mehr wohlfühlt und den ganzen Tag damit beschäftigt ist, mit „schmutzigen" Sachen herumzulaufen. Ganz wichtig! Sollten sich die anderen Kinder darüber lustig machen, klären Sie die Situation auf und verteidigen Sie „Ihr" autistisches Kind. Fungieren Sie als Übersetzer oder Sprachrohr und unterstützen Sie das Kind.

10. Warum selbst Bedienungsanleitungen zu Hobbys werden können - *weil wir dadurch „auftanken" können*

Die Freizeit ist sehr wichtig. Sie bietet einem Autisten Raum, sich zu erholen und seinen Gewohnheiten nachzugehen. Spezielle Interessen sind typisch für Asperger-Autisten und treten häufig bei Kindern auf. Auch ihre Freizeit kann geprägt sein von stereotypen Verhaltensweisen, wie zum Beispiel dem Drang nach Ordnung und Struktur. Freizeit wird eher weniger spontan genutzt, ihr wird ein regelmäßiger Platz im festen und strukturierten Tagesablauf zugeteilt. Dieser strikte Zeitplan ermöglicht, wenn er eingehalten werden kann, den Betroffenen zur Ruhe zu kommen. Die Interessen bündeln sich meist auf ausgefallene und spezifische Themenbereiche.
Diese können ungewöhnlich für Kinder des jeweiligen Alters wirken. Neben üblichen Freizeitbeschäftigungen können auch „Lego spielen", Zugfahrpläne, Kriege oder auch Bedienungsanleitungen als Hobby dienen. Sie kommen größtenteils aus Naturwissenschaften, Technik, Geografie oder Geschichte, denkbar ist aber jedes Thema. Bei Mädchen sind es oft geschlechtsspezifische Themen wie zum Beispiel Pferde, deshalb fallen sie bei ihnen meist nicht auf. Der erhöhte Anteil von Hobbys mit fachlichem oder naturwissenschaftlichem Bezug beruht auf dem logischen, durch Fakten und Gesetze klar geregelten und nachvollziehbaren Charakter, im Gegensatz zu der emotionalen Ebene von zwischenmenschlichen Beziehungen, welche mit Logik teils schwer zu verstehen sind. Aber auch die intensive Verfolgung eines Themas kann auffällig sein. Beispielhaft ist hier das Sammeln jedweder Information dazu oder häufiges Erzählen darüber zu nennen. Die Bedeutung des Interesses kann für den Betroffenen über das eines Hobbys weit hinausgehen. Es kann sogar fester Bestandteil des Lebens werden, im Extremfall auch andere alltägliche Dinge verdrängen.

Die Ursachen für außergewöhnliche Interessen sind bislang nicht ganz geklärt. Wie oben bereits erwähnt, haben die Hobbys ganz oft einen eher fachlichen Bezug und können ohne soziales Interagieren ausgeübt werden. Mit dem logischen Hobby entsteht ein Ausgleich für den stressigen Alltag, in dem man gezwungen ist, sich mit anderen Personen auseinanderzusetzen. Diese Erklärung kommt aus der Verhaltenspsychologie.
Warum sollten Sie über die Freizeitbeschäftigung der autistischen Kinder Bescheid wissen? Gerade in Ganztagsschulen werden viele Arbeitsangebote für die Kinder bereitgestellt. Die Schüler müssen sich in verschiedene Bereiche einschreiben und in einigen Schulen ist es so, dass die Schüler halbjährlich wechseln müssen, um alle Bereiche einmal kennenzulernen. Für ein autistisches Kind kann das unheimlich viel Stress auslösen. Haben sich die Schüler etwas herausgesucht, zwingen Sie bitte das Kind nicht zu wechseln.
Ganztagsschulen sind ohnehin schon wahnsinnig anstrengend, denn die Erholungsphase - also die Ruhephase zu Hause - ist viel zu kurz.
Allerdings können Sie die Spezialinteressen Ihrer autistischen Schüler nutzen und in den Unterricht einbauen. Dadurch können Sie einen besseren Zugang zu ihnen erhalten und Sie nachhaltig motivieren.

11. Belohnung / Bestrafung - *jedes Kind braucht Lob, um motiviert durch den Tag zu kommen*

Wir verstehen auch, dass Ihnen manchmal die Zeit fehlt oder Sie schlicht und ergreifend überfordert sind. Doch bitte versuchen Sie, sich immer wieder vor Augen zu halten, wie das autistische Kind den Alltag wahrnimmt und warum es jetzt so anders reagiert hat.

Mir ist während meiner Recherchen etwas ganz Wichtiges aufgefallen. Eine Lehrkraft gab eine Kontrolle zurück und einige Kinder sackten so zusammen, dass ich am liebsten zu ihnen gegangen wäre und sie getröstet hätte.
Ich glaube, bei all dem Durcheinander wurde das gar nicht von anderen bemerkt, dass einem Kind, gleich nachdem es die Note sah - es gab zwei Noten auf die Arbeit, sie hatte eine Drei und eine Zwei - die Tränen kullerten. Sie unterhielt sich kurz mit den Mitschülern und sie hatte ganz offensichtlich Angst, ihren Eltern die Arbeit zu zeigen. Es war der erste Aufsatz, den die Kinder geschrieben hatten. Natürlich waren die Noten super, aber wahrscheinlich setzen einige Eltern ihre Kinder dermaßen unter Druck, dass sie nur noch mit Panik in die Schule gehen.
Wenn Sie solche Vorfälle bemerken, geben Sie bitte dem Kind Halt und Zuspruch.

Und wie schon erwähnt, loben Sie bitte ALLE Kinder ohne Wenn und Aber. Glauben Sie mir, jedes Kind wird dadurch motiviert. Druck macht kaputt, da ergeht es uns als Erwachsene nicht anders. Sie verlieren nicht Ihr Gesicht, wenn Sie emotional und verständnisvoll mit Ihren Schülern umgehen. Ganz im Gegenteil, so erlangen Sie Respekt und Achtung, denn Sie zeigen, dass Sie auch nur ein Mensch sind und ab und zu an ihr Limit kommen. Benutzen Sie doch ebenfalls das Kuller-System (siehe nächstes Kapitel) und zeigen Sie Ihren Schülern, dass es Ihnen nicht gut geht. Vereinbaren Sie mit den Schülern eine Anzahl an Kugeln, sodass auch diese lernen, Rücksicht auf Sie zu nehmen.

12. Begrenzte Energien / Kuller-System - *Hilfe, ich habe nur noch zwei Kugeln ...*

Was hat es damit auf sich?

Das Kuller-System unterstützt Ihren Schüler, seine Leistungsfähigkeit und Aufnahmekapazität zu beobachten. Es macht seinen Energielevel zu jeder Zeit sichtbar und hilft so, einer möglichen Überforderung und den daraus resultierenden Verhaltensweisen vorzubeugen.

Wie funktioniert das Kuller-System?

Ihr Schüler verfügt über 16 Kugeln, die die eigenen Energiereserven darstellen. Sie liegen auf einem Holzbrettchen, welches auf seinem Tisch steht. Sowohl Ihr Schüler als auch Sie können so genau sehen, über wie viel Energie er noch verfügt. Wenn der Schultag beginnt, wird Ihr Schüler bereits Energie verbraucht haben. An manchen Tagen mehr, an manchen Tagen weniger. Sie können das an der Anzahl der Kugeln ablesen. Er hat das Energiesäckchen, in das die 16 zur Verfügung stehenden Kugeln morgens von dem Energiefresser-Säckchen umgelegt werden. Wenn schon Kugeln verbraucht wurden, packt Ihr Schüler die Kugeln vom Holzbrettchen in das Energiefresser-Säckchen. In der Schule werden sie auf dem Holzbrettchen auf dem Tisch für alle sichtbar aufbewahrt.

Für die verschiedenen Aktivitäten in der Schule verbraucht Ihr Schüler unterschiedlich viel Energie, also Kugeln. So kann zum Beispiel im *Think-Pair-Share* die Einzelarbeit keine oder eventuell eine Kugel beanspruchen, während die Partnerphase schon zwei Kugeln fordert. Der Austausch im Plenum könnte bei aktiver Beteiligung drei Kugeln kosten, eine mögliche Präsentation vor der Klasse gar den ganzen Vorrat an Kugeln verschlingen. Vielleicht kostet der Austausch im Plenum aber auch gar keine Kugel, wenn Ihr Schüler sich innerlich zurückzieht. Der Verbrauch der Kugeln wird bei jedem Kind anders sein.

Aber nicht nur für die Aktivitäten im Unterricht werden Kugeln benötigt. Stressiger ist die Situation im Klassenraum selbst.

Der Umgang mit den Mitschülern - Ihr Schüler weiß nie so recht, wie er sich verhalten muss, was von ihm erwartet wird -, die Geräusche, die Gerüche, die Berührungen: So viele Reize und Unsicherheiten, die kompensiert werden müssen. Diese Kompensation kostet Energie. Allein dafür werden im Laufe des Vormittags viele Kugeln vom Holzbrettchen in das Energiefresser-Säckchen wandern. Dies müssen Sie stets im Hinterkopf behalten.

Wenn alle 16 Kugeln verbraucht sind, ist Ihr Schüler am Limit. Alle Energiereserven sind aufgebraucht. Dann reichen Kleinigkeiten, um einen sogenannten Overload auszulösen, der sich unter Umständen in Treten oder lautem Rufen zeigt.

Welchen Nutzen hat das Kuller-System?

Zunächst einmal können Sie auf einen Blick erkennen, in welcher Verfassung sich Ihr Schüler befindet. Liegen nur noch wenige Kugeln auf dem Brettchen, wissen Sie, dass er nicht weiter gefordert werden sollte, sondern eine Ruhephase braucht. Dies kann ein Rückzug sein, indem er den Klassenraum verlässt. Oder Ihr Schüler hat die Gewissheit, dass er nicht angesprochen wird, wenn zum Beispiel nur noch zwei Kugeln vorhanden sind, sodass er etwas entspannen und sich gedanklich ausklinken kann, ohne Angst haben zu müssen, zu etwas aufgefordert und vielleicht sogar vor der Klasse bloßgestellt zu werden.

Vereinbaren Sie mit Ihrem Schüler ein individuelles System, was beim jeweiligen Kugelstand, also beim jeweiligen Energielevel, passiert. Wann gibt es Pausen? In welcher Form können diese wahrgenommen werden? Wie können die Energiereserven wieder aufgefüllt werden?

Welche Bedingungen braucht Ihr Schüler, um nicht schon in den ersten Stunden alle Kugeln zu verbrauchen? Wo verpulvert er eventuell große Mengen seiner Energie?

Das Kuller-Tagebuch ist eine gute Möglichkeit, um die Schwierigkeiten, die dem Schüler im Alltag begegnen und viel Energie kosten, zu erkennen. Es hilft, die entsprechenden Situationen zu analysieren und herauszufinden, was er braucht, um sie besser gestalten zu können.

Dafür trägt er in der äußeren linken Spalte die Anzahl der Kugeln ein, die er in dem Moment verbraucht hat. In der Spalte „Situation" notiert er stichwortartig die Situation: Was ist passiert? Daneben gibt es noch eine weitere Spalte, in die Sie als Lehrer, Schulbegleiter, Therapeuten, Eltern oder auch Mitschüler dazu etwas schreiben können. Das hilft dem Schüler, die Situationen besser zu verstehen.

In der äußeren rechten Spalte trägt er die Anzahl der Kugeln ein, die er gewinnt, wenn er zum Beispiel Beschäftigungen nachgeht, die ihm Spaß machen (Ruhephase, eine gute Note, eine Auszeit an einer Spielekonsole und andere). Dass er Energie dazugewonnen hat, merkt er daran, dass es ihm danach besser geht.

Sie kommen den Energiefressern durch das Kuller-Tagebuch gemeinsam auf die Spur. Vielleicht benötigt Ihr Schüler am Anfang noch Hilfe beim Ausfüllen des Kuller-Tagebuchs. Nehmen Sie sich die Zeit, Sie werden am Ende davon profitieren. So lässt sich durch Auswertung der Schultage ablesen, was besonders anstrengend ist. Gemeinsam können Sie überlegen, wie die Rahmenbedingungen verändert werden können, um Kugeln, also Energie für andere wichtige Aufgaben, einsparen zu können.

Überlegen Sie vor allem gemeinsam, wie sich die Überforderung durch den Verlust der Energie ankündigt und wie Sie mit Ihrem Schüler gegensteuern können. Welche Anzeichen gibt es?

Versuchen Sie es!

Sie helfen Ihrem Schüler sehr, wenn Sie sich auf die Arbeit mit dem Kuller-System einlassen. Sie zeigen ihm, dass Sie seine Bedürfnisse ernst nehmen und ihn als Persönlichkeit achten und respektieren. Ihr Schüler wird achtsamer und lernt, mit seinem Energiehaushalt ausgewogen umzugehen. Brenzlige Situationen und kritische Auseinandersetzungen lassen sich so vermeiden.

13. Meine Schulzeit:

Wie lief es mit meinen Lehrern? Gab es besondere Vereinbarungen?

Glauben Sie mir, meine Schulzeit war nicht immer einfach. Aber auch an einem „normalen" Gymnasium ohne Schulbegleiter kam ich ganz gut durch. Meine Lehrer waren, bis auf zwei Ausnahmen, sehr entgegenkommend und so konnten wir gemeinsam ohne größere Probleme meine Schulzeit überstehen. Wir haben voneinander gelernt. Sie haben meine Eigenarten hingenommen und waren im ständigen Kontakt mit meiner Mum - sie ist ja auch ein Aspi, folglich nicht immer einfach zu handhaben. Sie weiß das und hat auch immer dazu gesagt, dass sie niemanden persönlich angreifen möchte, wenn sie sagt, was sie denkt.

In den folgenden Abschnitten möchte ich aus meiner Schulzeit berichten. Von Begebenheiten mit Lehrern, die nicht so gut mit mir umgehen konnten, und vor allem, was das mit mir gemacht hat. Aber auch von Lehrern, die mich so angenommen haben, wie ich bin und mir dabei unheimlich geholfen haben, das System Schule sowie die Mitschüler zu verstehen.
Ich unterstelle den Lehrern im Allgemeinen keine Böswilligkeit - das passiert sicher so im Eifer des Gefechts. Dennoch sollten Sie gerade bei autistischen Kindern, die Ironie und Sarkasmus nicht einordnen können, darauf achten, was Sie sagen. Leider brennen sich die Momente ein - bei jeder Gelegenheit sind sie präsent. Dazu passt ein Sprichwort:

„Drei Dinge kann man nicht zurückholen: den Pfeil, der vom Bogen schnellte, das in Hast und Eile gesprochene Wort, die verpasste Gelegenheit." (Hadrat Ali)

Oftmals werden autistische Kinder verkannt. Uns fehlen im richtigen Moment die richtigen Worte. In unserem Kopf macht aber alles Sinn. Logische Schlussfolgerung: Die anderen denken, wir sind dumm. Auch bei mir dachten einige Lehrer lange Zeit, ich sei dumm und sie fragten sich, wie ich es auf das Gymnasium geschafft habe und warum meine Mutti sich so dafür einsetzt, dass ich auf der Schule bleiben kann. Ich sprach ja weder mit den Mitschülern noch mit den Lehrern. Am Unterrichtsgeschehen beteiligte ich mich überhaupt nicht. Ich schaute aus dem Fenster, sortierte Stifte oder ich gab Geräusche von mir.
Später haben sie jedoch mitbekommen, dass ein Aspi anders zu „handhaben" ist und dann konnte ich auch einen Teil meines Könnens unter Beweis stellen. Trotz meiner Hochbegabung stand ich mir viele Jahre selbst im Weg und mein Handeln wurde durch meine Unsicherheit und Angst dominiert. Ich war einfach nicht in der Lage, im Unterricht zu sprechen. Natürlich wusste ich die Antworten, doch es kam kein Wort heraus.

Grundschule:

Lehrer - *es geht auch anders*

„Ach, wissen Sie was Frau Peinel, was halten Sie davon, wenn ich mit Leo vor die Tür gehe, wenn er ein Gedicht aufsagen soll, und er nimmt sich einfach zwei Schüler seiner Wahl mit?" Ich war glücklich und meine Mum auch. Zwar fiel mir das am Anfang auch sehr schwer, aber es klappte immer besser. Es sollte sich ja nicht alles nur um mein Anderssein drehen. Ich wollte dazu lernen und verstehen, warum andere so sind. Aber ich musste nie etwas machen, was ich zu dem Zeitpunkt noch nicht konnte. Ich hatte immer die Wahl, meine Mum und die Lehrerin haben mich zu nichts gezwungen. Sie wollten mich aber nicht in meiner Entwicklung hemmen. Sie wollten, dass ich mir viel aneignen kann und gerade meine Mum wusste, dass auch ein Aspi viel lernen kann und auch möchte. Die Frage ist nur, wie man den Kindern, Jugendlichen oder Erwachsenen etwas lernt. Auf keinen Fall mit Druck, Angst im Nacken oder Stress. Schimpfen, bestrafen... alles Erziehungsmethoden, die zu nichts führen - außer zu Gegendruck.

Jedenfalls war diese Lehrerin ein Traum. Wir hatten zu dem Zeitpunkt weder eine Diagnose, noch wussten wir, warum ich so bin, wie ich bin.

„Leo, wenn du nicht vor der Klasse reden kannst, dann schreib doch einfach die Antworten auf. Versuchst du das mal?“ *Oh ja, das mache ich.* Und das klappte auch von Mal zu Mal besser. Natürlich nicht gleich - aber in den zwei Schuljahren konnte sie mir unheimlich viel vermitteln. Ich brauchte auch nicht an die Tafel, denn sie merkte sehr schnell, dass ich dann plötzlich nicht mehr rechnen, schreiben oder lesen konnte. Diese wunderbare Lehrerin bekam ich in der dritten Klasse.
Abgesehen davon, hatte ich auch mit meiner Klassenlehrerin in den ersten beiden Jahren einen Glückstreffer gelandet. Sie war wunderbar und unheimlich liebevoll. Wir hatten alle Respekt vor ihr, keine Frage, aber sie lenkte uns so, dass sie nicht bestrafen musste. Sie konnte auch mit mir sehr gut umgehen.
Bis auf die Schuleingangsphase verlief meine Grundschulzeit sehr gut - jedenfalls, was die Lehrer anbetraf. Die Altersmischung und die Freiarbeit in den ersten beiden Jahren machten mir allerdings zu schaffen. Mich machte diese Unruhe wahnsinnig und es erforderte unheimlich viel Energie. Ich war jeden Tag nach vier Stunden Schule völlig fertig. Gott sei Dank waren es nur die ersten beiden Jahre. Danach hatten wir Frontalunterricht und meine Welt sortierte sich etwas. Ich hatte Struktur und Ruhe. Ich konnte Informationen und den Unterrichtsstoff „aufsaugen“. Ich musste mich nicht mehr mit der Unruhe, den vielen Stimmen und Geräuschen beschäftigen. Man hatte zuvor das Gefühl, dass keiner einen Plan hatte. Jeder holte sich Arbeitsblätter, wie er es mochte. Andere lasen leise vor sich hin, dann quatschte da vorn ein Lehrer. Gruselig. Gruppenarbeiten waren auch etwas ganz Schreckliches. Nicht nur, dass ich nicht mit den anderen zusammenarbeiten konnte, nein, hinzu kam ja noch die Geräuschkulisse. Alle brabbelten durcheinander (siehe dazu mehr im Kapitel „Wahrnehmung“).

Meine Mitschüler - *nicht wirklich freundlich*

„Du bist ein Klugscheißer, immer willst du alles besser wissen. Verschwinde und komm nicht immer zu uns. Wir können dich nicht leiden. Du bist doof. Wir wollen nicht mit dir spielen - hau ab, du Arsch. Leo ist doohof. Leo ist doohof. Du kannst die Pippifax-Aufgaben nicht. Du kannst ja nicht mal lesen!“ *Warum sind die anderen Kinder so gemein? Ich will doch auch Freunde haben. Freunde, die so denken wie ich. Und ich konnte schon lesen, bevor ich in die Schule gekommen bin. Ich traue mich nur nicht, vor euch allen zu lesen. Ich konnte auch schon rechnen und schreiben mit fünf Jahren. Ich meine es doch nur gut, wenn ich was sage. Manchmal macht ihr so komische Sachen, die verstehe ich nicht. Ich weiß doch immer schon vorher, dass das nicht gut ausgeht. Warum soll ich das dann machen? Ich bin nicht doof.*

Gymnasium:
meine Klassenlehrerin - *unsere „Schulmutti“*

Meine Mum suchte ein Vorgespräch mit meiner zukünftigen Klassenlehrerin. Sie wollte von den Schwierigkeiten und meinen Besonderheiten berichten. Doch das Gespräch fiel ziemlich kurz aus. „Frau Peinel, bitte reden Sie nicht weiter. Ich möchte keine Informationen über Ihren Sohn haben. Ich lese auch nie die Berichte der Grundschulen. Ich möchte die Kinder unvoreingenommen kennenlernen.“ Hm, meine Mum war erst mal sprachlos und natürlich skeptisch, aber dennoch irgendwie beruhigt. Aber wie sie so ist, verfiel sie in ihr Gedankenchaos:
„Kann sie mit meinem Leo umgehen? Wird sie Verständnis haben für ihn? Er wird nicht mit ihr reden. Oh Gott, wie wird sie reagieren? Wird sie ihn bestrafen, sich über ihn lustig machen? Aber nein, sie machte eigentlich einen sehr sympathischen Eindruck. Wir haben ja in vier Wochen wieder einen Termin und dann werden wir sehen. Bis dahin wird es Leo sicher schaffen und ich hoffentlich auch. Das werden anstrengende vier Wochen - ich werde jeden Tag Angst haben.

Ich muss Leo erst mal beruhigen. Ihm sagen, dass seine Klassenlehrerin toll ist. Ich muss ihm die Angst nehmen. Wird schon irgendwie. Ich kann ja später immer noch an die Decke springen. Bleib ganz ruhig Franca und vertrau Frau F., sie ist wirklich sehr sympathisch und hat eine beruhigende Art."

Das Kennenlernen der neuen Klassenlehrerin war einfach nur toll. Sie sprach mich an und ich konnte nicht antworten. Was passierte: Sie versuchte es nicht noch mal. Sie testete alles kurz und vorsichtig aus und dann ließ sie mich erst einmal in Ruhe. Ich redete nicht, wenn andere dabei waren, aber irgendwie traute ich mich, ihr zu antworten, wenn kein anderer in der Nähe war. In der ersten Woche machten wir einen Ausflug mit der ganzen Klasse - wir sollten uns alle besser kennenlernen. Mit meinen Mitschülern konnte ich ja so überhaupt nichts anfangen, aber ich bequasselte dort in aller Ruhe meine Klassenlehrerin. Natürlich allein. Ich erzählte ihr von Gott und der Welt. Sie war auch mir sofort sympathisch und sie hatte eine Art, die mich beruhigte. Ich hatte keine Angst vor ihr. Ich war mir sicher, sie blamiert mich nicht vor der Klasse und macht sich nicht über mich lustig. Ich vertraute ihr und sie fand einen ‚Draht' zu mir. Sie ließ mich in Ruhe ohne mich zu ignorieren. Verstehen Sie, was ich meine? Nicht diese Art: „Na dann eben nicht - was für ein schreckliches Kind." Sondern eher nach dem Motto: „Mach keinen Stress, komm erst einmal an und gewöhn dich an alles. Alles hat seine Zeit." Und sie schickte auch ab und an ein kurzes Lächeln in meine Ecke - ich saß ja gern allein, ganz hinten.

Sie verlangte nicht von mir, dass ich während des Unterrichts Antworten gab. In Kontrollen kam sie zu mir an den Platz, legte ihre Hand auf meinen Rücken, beugte sich zu mir runter und sagte leise: „Komm Leo, du musst anfangen. Die Zeit läuft dir davon. Du kannst doch die Aufgaben rechnen. Du schaffst das, ich weiß das. Wenn du eine Frage hast, dann frag mich. Lies dir alle Aufgaben durch und fang mit der an, die für dich am einfachsten ist. Versuch es einfach mal." Sie wiederholte das bei jeder Kontrolle. Sie schaffte es eigentlich immer mich zu motivieren. Klappte es mal nicht, war das auch kein Drama. Ich bekam immer eine Möglichkeit bei ihr, die Kontrolle zu wiederholen oder auszugleichen. Sie nahm mir den Druck und schon ging es. Und gab es etwas zu bereden, dann nur in den Pausen, unter vier Augen. Sie frug nicht, aber es war mir alles andere als unangenehm, wenn sie ihre Hand auf meinen Rücken oder meinen Arm legte. Ganz im Gegenteil - sie strahlte eine gewisse Ruhe und Sicherheit aus.

Das Elterngespräch stand an.

Die Lehrerin sagte nach kurzer Zeit zu meiner Mum: „Ihr Sohn hat autistische Züge." Meine Mum sah sie an und war wie erstarrt. Die Diagnose hatten wir ja schon von unserer Psychologin. Aber sie hatte nicht erwartet, dass eine Lehrerin sich damit auskennt. Die Lehrerin merkte das wohl und sagte zu meiner Mutti: „Machen Sie sich keine Sorgen Frau Peinel, ich habe schon zwei Autisten durchs Abitur geführt. Ihr Sohn ist toll und ich mag ihn sehr. Er schafft das mit viel Geduld und Zuwendung." Sie können sich nicht vorstellen, was in meiner Mum vor sich ging. Nach all den Diskussionen, die sie vorher führen musste, gab es endlich eine Lehrerin, die mich so annahm, wie ich war. Ohne „Bedienungsanleitung", ohne viele Worte. Mutti war einfach nur glücklich und hätte die Lehrerin am liebsten umarmt, aber Gefühle zu zeigen, traut sie sich nur sehr selten. Sie erklärte aber der Lehrerin, dass sie auch ein Aspi ist und dass Frau F. bitte nichts persönlich nehmen solle, wenn sie die „falsche" Wortwahl treffe und dass sie auch klare Ansagen bräuchte: „Bitte alles offen, ehrlich und direkt."

Hätte ich Frau F. nicht gehabt, hätte ich mein Abitur nicht geschafft und wenn, dann nur unter höchster Anstrengung. Dennoch - nein, ich hätte es nicht ohne psychische Probleme geschafft, die Zeit bis zum Greifen meiner Therapie zu überstehen.

Ich kann ihr nicht genug danken. Die Lehrerin nahm nicht nur mich so wie ich war, auch jeden anderen Schüler. Sie war die „Schulmutti" für uns. Sie war unser Anker in allen Belangen während der Schulzeit. Für jeden einzelnen Schüler setzte sie sich ein und für meine Mum war sie ein Engel.

An diese Lehrerin habe ich nicht einen negativen Gedanken, denn ich hatte in ihrer Gegenwart selten Angst, und wenn diese Gedanken doch mal aufkamen, sah mir das Frau F. wahrscheinlich sofort an und beruhigte mich.

Die anderen Lehrer - *leider waren nicht alle so verständnisvoll*

„Es ist Anstand, den Leuten die Hand zu geben und guck mich an, wenn ich mit dir rede. Willst du nicht antworten oder denkst du, du musst nicht mit mir reden." *Ich will hier weg. Ich will nach Hause. Nicht so viel auf einmal. Ich kann jetzt nicht mehr. Am liebsten würde ich umfallen.*

„Leo hat die Aufgaben wieder nicht verstanden. Leo beantworte die Frage. Ich habe dir eine Frage gestellt, wäre der Herr so gnädig und würde sie jetzt mal beantworten? Ich stehe jetzt schon fünf Minuten hier und warte. Die anderen wollen weitermachen. Du hältst alle auf. Hauptsache, du machst Geräusche und störst den Unterricht. Wie wäre es, wenn du mal aufpasst und zuhörst, was ich sage? Dann kannst du vielleicht auch mal antworten." Panik stieg auf. Meine Gedanken fuhren Karussell. Ich bekam in dem Moment nichts mehr mit. Ich nahm um mich herum nichts mehr wahr. Alles verschwamm. Der Tag war gelaufen, denn ich hatte keine Möglichkeit mich zu sortieren. Keiner war da um mir zu erklären, was die Lehrerin eigentlich von mir wollte. Ich brauchte Ruhe zum Nachdenken. *Ich habe doch versucht das zu verstehen. Warum mache ich Geräusche? Ich kriege das nicht mit. Die anderen sagen sonst wieder Memme zu mir. Aufhören! Bitte! Ich darf nicht weinen.*

Wenn ich die Antworten aufschreiben dürfte, könnte ich Ihnen alle Fragen beantworten. Aber bitte kommen Sie nicht spontan zu mir. Mit solchen Situationen bin ich völlig überfordert, ich brauche meinen gewohnten Ablauf.

Ich kann prinzipiell Ihr Anforderungsniveau erfüllen, wären da nicht die sozialen Interaktionen, die mir den letzten Nerv rauben. Ich bin nicht blöd. Nicht der Leistungsdruck ist zu hoch, denn ich könnte viel schneller lernen als die meisten hier in der Klasse, sondern das Umfeld ist zu viel für mich. Ich konnte schon lesen, schreiben und rechnen, bevor ich in die Schule gekommen bin. Ich möchte wetten, das konnten Sie noch nicht, aber mich fertig machen, weil ich nicht vor anderen reden kann. Die Zahlen und Buchstaben konnte ich schon mit vier Jahren und danach habe ich angefangen zu lesen. Sich über mich lustig zu machen ist ja viel einfacher.

Schon früher habe ich mich gefragt, warum das andere Menschen machen. Was bringt einem das, wenn man sich über andere lustig macht, sie bloßstellt, sie demütigt? Das werde ich wohl nie verstehen. Natürlich habe ich das auch ausprobiert - aber ich fühlte mich dabei nicht gut, eher schlecht. Ich sehe es nicht gern, wenn andere leiden, wenn sie weinen oder niedergemacht werden. Wahrscheinlich, weil ich genau weiß, wie die anderen sich in dem Moment fühlen. So viel zu dem Thema, Autisten haben keine Empathie. Wir fühlen mit anderen mit, nur können wir es nicht so zeigen. Allerdings behandeln wir unsere Mitmenschen dafür liebevoller - wenn wir nicht angegriffen werden.

Ich weiß auch, dass das Leben kein Ponyhof (Zuckerschlecken)ist, aber ich kann mit anderen reden und muss mein Gegenüber nicht demütigen.

Oft kam ich weinend nach Hause und meine Mum musste mich erst einmal beruhigen und mir erklären, wie die anderen ticken. Obwohl sie selbst ein Aspi ist und NT's auch nur selten versteht, wusste sie dennoch, wie diese funktionieren und sie versuchte, mir einiges über deren Verhaltensweisen zu erzählen.

Allerdings konnte Sie mir nicht sagen, warum sie so sind. Für uns sind viele Dinge, die ‚normale' Menschen ausführen, unlogisch. Warum Menschen lügen, falsch sind und sich über andere lustig machen oder darüber lachen können, wenn sie beispielsweise ein Video schauen, in dem sich andere verletzen, wird sie wohl auch nie verstehen. Sie leidet mit jedem mit.

Man kann diese Situationen auch schwer beschreiben. Ich ärgerte mich im Unterricht ständig über mich selbst. Natürlich wusste ich all die Antworten, denn ich sog den Lehrplan ja auf wie ein Schwamm. Ich musste mich nicht auf den Unterricht konzentrieren, denn ich habe eine gute Auffassungsgabe und kann Gehörtes sofort abspeichern. Obwohl das nicht in jedem Fall gut ist, denn ich bekam alles, jedes Geräusch und jede Aussage nebenbei mit. Und leider haben meine Synapsen auch zu allem eine Meinung, die sie mir dann auch umgehend mitteilen müssen. Jedes Ereignis müssen sie gefühlte tausend Mal überdenken und mich direkt daran teilhaben lassen. Ich kann das nicht abstellen. In sozialen Interaktionen kann ich ja nicht intuitiv agieren, also muss ich immer nach Möglichkeiten suchen, wie ich mich einigermaßen richtig verhalten kann. Ich versuche ja schon vor einem Gespräch oder einer lapidaren sozialen Interaktion, alle Möglichkeiten durchzugehen, um nicht falsch zu reagieren.

Der oben geschilderte Vorfall passierte im Übrigen in der neunten oder zehnten Klasse, wir hatten die Lehrerin auch nur kurz. Sie hatte wirklich keinen Plan, was Asperger-Autismus ist - was ich keinesfalls der Lehrerin zum Vorwurf mache. Ich bekam sie aber in der elften Klasse im Kurssystem wieder. Zuerst versuchte ich die Probleme, die wieder auftraten, mit ihr allein zu klären, aber das lief irgendwie schief. Ich hatte gelernt, nicht mehr in meiner charmant (Ironie), ehrlichen Art zu sagen, was ich denke, sondern ich verließ einfach die Situation, wenn ich komplett überfordert war und ausgerastet wäre. Prompt rief die Lehrerin meine Mum an, wie respektlos ich doch wäre. Meine Mum vereinbarte einen Termin mit ihr. Das Gespräch verlief wohl am Anfang auch nicht so wie geplant, denn meine Mum ist auch sehr direkt, doch kurz vor einem großen Streit beruhigte sich alles und meine Mum konnte in Ruhe mit der Lehrerin reden. Meine Mum erklärte ihr mein Verhalten ganz ausführlich. Ich glaube, sie verstand nicht wirklich, warum ich so bin, wie ich bin, und auch meine Reaktionen konnte sie nicht nachvollziehen, aber es änderte sich danach alles. Sie hörte mir zu und setzte mich nicht mehr unter Druck. Sie nahm sich alles an, was ihr gesagt wurde. Dafür bin ich der Lehrerin unheimlich dankbar und das Fach machte mir dann sogar Spaß. Im Übrigen bemängelte die Lehrerin auch, dass es keine Schulungen gibt für den Umgang mit Autisten. Die Lehrer werden allein gelassen mit dem Problem. Wenn es Weiterbildungen gibt, dann von „Experten", die Autisten in eine Schublade stecken und eigentlich auch nicht wissen, wie sie wirklich sind.
Ich hoffe, wenn die Lehrerin dieses Buch in die Hand bekommt, weiß sie, wer gemeint ist.
Vielen Dank, dass Sie mich dann so nehmen konnten, wie ich war/bin. Sie haben mir auch ein Stück geholfen, die Welt der NT's zu verstehen.

Auch ich möchte mich bei Ihnen von Herzen bedanken und ich hoffe, Sie sind mir nicht mehr böse, denn ich war ja doch sehr direkt, und ich finde nach wie vor in Stresssituationen nicht immer die richtigen Worte. Ich sage noch heute sehr oft, dass ich sehr großen Respekt vor Ihnen habe, dass Sie alles umsetzen konnten, was ich „bemängelt" habe. Danke. Bleiben Sie bitte so, wie Sie sind.

Ja und dann gab es eine Lehrerin, die kein Einsehen hatte und mich beinahe mein Abi gekostet hätte.

„Also Interpretation musst du in den letzten zehn Jahren gelernt haben! Das können auch Autisten lernen. Ich müsste ansonsten für jede Kontrolle extra Aufgaben erstellen." „Du bekommst Punkteabzug, wenn du deinen Vortrag nicht vor der Klasse hältst." „Ich glaube, du bist am Gymnasium völlig fehl am Platz.
Deine Mutti sollte dich auf eine Regelschule schicken, dort hättest du wenigstens einen Abschluss gehabt. Hier haben wir ein gehobenes Anforderungsniveau. Du antwortest nicht, wenn man dich etwas fragt, du hast den Unterrichtsstoff nicht verstanden. Die Kontrollen kannst du auch nicht vollständig bearbeiten, weil du nicht sofort anfängst. Du brauchst viel zu lange zum Überlegen. Der Leistungsdruck ist zu hoch..."

Ich weiß, dass ich Ihnen antworten müsste. Andererseits möchten Sie das nicht hören, was ich Ihnen sagen würde wollen. Seien Sie froh, dass ich nicht antworten kann, weil ich viel zu viel Angst habe. Ich bin blockiert. Ich kann nicht reden und schon gar nicht mit Ihnen. Sie machen mich wütend. In meinem Kopf ist alles durcheinander. Natürlich weiß ich die Antwort, aber ich kann sie nicht aussprechen. Hacken Sie nicht weiter auf mir rum. Ich schäme mich doch schon. Ich will hier weg. Warum machen Sie sich über mich lustig? Sie müssen mich doch verstehen. Angeblich haben Sie sich über Autismus informiert. Was in dem Kopf dieser Lehrerin vor sich gegangen ist, wird sich mir sicher nie erschließen. *Und ich habe aufgepasst. Ich könnte Ihnen jedes einzelne Wort wiedergeben, welches Sie in der Stunde gesagt haben. Vor allem, wie Sie mich runtergemacht haben. Mich für dumm hingestellt haben. Ich möchte auch nur eine Erklärung, um zu verstehen, warum Sie meinen Nachteilsausgleich nicht anerkennen. Das ging die ganzen Jahre. Ich bin nicht blöd, auch wenn das alle denken. Ich kann nicht interpretieren. Dafür habe ich ja aber einen Nachteilsausgleich. Die Klinik hat Ihnen doch bestätigt, dass ich als Asperger-Autist nicht interpretieren kann. Und wenn ich hundert Jahre alt werde, werde ich noch immer nicht interpretieren können. Hat Ihnen meine Mutti schon versucht zu erklären. Dafür bin ich in Mathe sehr gut. Vor der Klasse bringe ich kein Wort heraus. In dem Schreiben der Klinik steht auch, dass schriftlich vor mündlich bewertet wird. Ich muss mich also nicht vor der Klasse blamieren und stottern.* Bei mir schlich sich ein Stocken ein, wenn ich aufgeregt war und irgendwann konnte ich überhaupt nicht mehr reden.

Ich muss dazusagen, dass ich diese Lehrerin Gott sei Dank erst in der elften Klasse bekam. Ansonsten hätte ich mein Abi wahrscheinlich wirklich nicht geschafft. Ich gebe ehrlich zu: Ich hasste diese Frau nur noch. Ich war ein Amtsvorgang, unter dessen Registriernummer stand: „Der Nachteilsausgleich muss nicht anerkannt werden." Genau so wurde ich behandelt. Ohne Emotionen oder Verständnis für einen Menschen mit anderen Bedürfnissen.
Sie machte binnen weniger Unterrichtsstunden einen Großteil meiner Therapie zunichte. Für mich war sie keine Lehrerin, geschweige denn Pädagogin. Sie ließ keine Situation aus mir zu erklären, wie dumm ich doch sei, was sie für Arbeit wegen mir hätte und dass Interpretation ein „Muss" ist. Ich hätte, laut Nachteilsausgleich, Erörterungen schreiben können. Damit konnte ich etwas anfangen. In meinem ersten Buch beschreibe ich diese Zeit in einem ziemlich langen Kapitel ganz ausführlich. Es war einfach nur demütigend, was diese Lehrerin betrieb. Außerdem stand für mich fest, dass ich keinesfalls in die Deutschprüfung gehe.

Meine Mitschüler - *nach vielen Jahren fand ich Freunde*

„Du bist doch doof, was suchst du an der Schule. Hilfsschule wäre eine Möglichkeit. Du denkst wohl, du bist was Besseres, weil du nicht antwortest. Wir wollen nichts mit dir zu tun haben und deine scheiß Geräusche nerven uns einfach. Ständig hast du was zu kramen und gibst dich in den Pausen auch nicht wirklich mit uns ab. Stehst hier blöd rum, willst uns wohl belauschen? Verschwinde einfach. Lass uns in Ruhe. Was willst du hier?"
Ich will nicht alles besser wissen, aber ihr seid so anders als ich. Ich möchte doch auch einen Freund haben, der so ist wie ich. Der mich versteht. Einen Freund, der weiß, wie ich bin, und dem ich nicht immer alles erklären muss, denn das kann ich nicht immer. Ich würde so gern mit euch reden, mit euch meine Pausen verbringen, aber ich verstehe euch nicht. Von was redet ihr immer? Das ist alles in meinem Kopf anders. Ich habe immer Angst und mache alles falsch. Ich fühle mich nicht als etwas Besseres. Ihr seid viel besser als ich. Ihr habt Freunde und könnt viel mehr. Versteht untereinander, was ihr sagt.
Ich will euch nicht stören, nur merke ich nicht, wenn ich Geräusche von mir gebe. Ich mache das auch nur, wenn ich nervös bin und mich beruhigen muss. Wenn mir die vielen Schüler und die Stimmen zu viel werden. Ich höre dann nur noch mich und das beruhigt mich. Ich möchte doch auch nur Freunde haben. So sein wie ihr. Ich will auch so denken wie ihr alle. Ich hasse es, ein Aspi zu sein. Ich will wie die anderen Kinder sein. Ich gehe ja schon weg und bleibe allein.

Ich beobachtete die anderen und versuchte mir Verhaltensweisen abzuschauen. Nur war das alles so unverständlich - immer reagierte ich falsch. Ich fühlte mich wie ein Nichts - wie Abfall, ein Kind, das man gar nicht gernhaben kann.

Dabei bin ich doch gar nicht so anders als andere Kinder. Ich sehe genauso aus. Warum gibt es solche Menschen wie mich überhaupt? Warum sterben die nicht gleich, wenn sie auf die Welt kommen? Ich will auch gar nicht mehr hier sein. Mich kann sowieso keiner leiden.

Gott sei Dank freundete ich mich Ende der fünften Klasse mit Lucas an. Er war auch etwas anders und er hatte nicht so viel Kontakt zu den anderen. Wir trafen uns am Nachmittag und konnten uns nach Mittelerde („Herr der Ringe") zurückziehen. In eine Welt entfliehen, in der wir Ruhe hatten, in der alles anders war und dort konnten wir uns wohlfühlen.

Die oben zitierten Aussagen und viele mehr begegneten mir während meiner Schulzeit sowie im privaten Umfeld.

Ich schämte mich immer so sehr für mein Anderssein, dass ich in der Nacht wieder Asthmaanfälle bekam und den nächsten Tag nicht in die Schule gehen konnte, da ich meistens erst gegen vier Uhr einschlafen konnte. Der Teufelskreis begann, denn die anderen Mitschüler und Lehrer dachten, ich hätte keine Lust. Wieder entstand Druck und meine Asthmaanfälle waren vorprogrammiert. Viele Jahre hatte ich Stressasthma. Leider konnten das viele Lehrer nicht nachvollziehen. Manchmal hatten meine Mum und ich das Gefühl, die Psyche wird völlig außer Acht gelassen. Dabei bestimmt diese vieler unserer Handlungen, ebenso unser körperliches Wohl. Jedes dieser Worte brannte sich bei mir ein und diese Erinnerungen sind sofort zur Stelle, wenn ich vor einer neuen Herausforderung stehe. *Werde ich wieder versagen? Werde ich den Anforderungen der anderen gerecht?*

Einige Lehrer machen sich gern über Schüler lustig, die nicht nach „Schema F" funktionieren oder nicht so freundliche Worte finden. Ich sage dazu: „Ich kann mich nicht bei anderen Menschen einschleimen oder mit schönen Worten bezirzen."
Was diese Lehrer in den Kindern anrichten, ist ihnen sicher nicht immer bewusst. Wenn man ein Kind der Lächerlichkeit preisgibt, macht es das nicht besser. Und nein, es wird nicht dazulernen, sondern sich immer ‚klein' vorkommen - ‚klein' bleiben. Als Pädagoge sollte man das aber wissen und solche Entgleisungen vermeiden können. Gern würde ich schreiben, dass Lehrer nicht so verhalten, aber leider habe ich solche Situationen oft genug selbst erleben müssen. Da aber meine Mum sehr resolut war/ist, was solche unprofessionellen Umgangsformen anbetraf, sagte sie in ihrer offenen Art so manchem Lehrer die Meinung - unverblümt. Sie ist eben auch ein Aspi. Sie brachte uns bei, dass man sich nicht über andere lustig macht und sie lehrte meinen Geschwistern und mir gute Umgangsformen sowie Respekt vor anderen. Und genau das erwartete sie auch von Lehrern. Insbesondere Kindern gegenüber!
Oftmals ist unser Alltag ein einziger Kampf, da wir nicht verstehen, sondern uns Verhaltensmuster von anderen nur abschauen, um auch akzeptiert zu werden. Nur sind nicht alle Situationen gleich und sobald sich die Gestik oder Mimik minimal verändert, eine Aussage anders zu deuten ist oder wir uns in einer anderen Umgebung befinden, haben wir verloren. Wir versuchen so zu reagieren wie in ähnlichen Situationen, die wir zuvor erlebt haben. Aber nein, das funktioniert nicht - es ist wieder ‚falsch'.

Sie müssen bitte bedenken: In der Welt vieler Autisten ist alles logisch nachvollziehbar. Mein Gehirn kann beispielsweise binnen Sekunden Abläufe überschauen, die vielleicht bei anderen Menschen etwas länger dauern oder über die sie nicht nachdenken, weil sie für sie nicht so wichtig sind. Ich kann aber sofort einen ‚Plan' erstellen. Viele Abläufe im Schulalltag erscheinen leider unlogisch. Man könnte so viel Kosten und Zeit sparen. Ich kann oftmals abschätzen, ob eine Sache überhaupt Sinn macht oder sie von Anfang an zum Scheitern verurteilt ist.

Sofort müssen wir unsere Erkenntnisse mitteilen, weil wir denken, dass sich die anderen freuen, eine ‚bessere' Lösung zu bekommen. Aber durch unsere ‚falsche' oder direkte Ausdrucksweise kommen sich die anderen bevormundet vor. Das bekommen wir aber gar nicht mit, nur dass unser Gegenüber uns nicht versteht und uns komisch oder böse anschaut. Also versuchen wir die ganze Sache noch einmal in einer anderen Formulierung zu erklären. Funktioniert auch nicht, denn unser Gegenüber ist schon längst sauer, weil er sich, wie erwähnt, zurechtgewiesen fühlen. Haben wir dann bemerkt, worin das Problem liegt, werden wir wütend auf uns selbst, weil wir mal wieder nicht die „richtigen" Worte gefunden haben. Die Konversation eskaliert meistens in dem Moment. Wir verlieren die Kontrolle über uns. Wir wollten helfen, aber wir konnten es wieder nicht - haben wieder versagt und eigentlich alles noch schlimmer gemacht.
Dann kommt die Aussage: „Denkst du eigentlich, wir sind dumm?" Tausend Fragezeichen stehen über meinem Kopf. *Das habe ich doch nie behauptet. Warum hören mir die anderen nie zu? Ich wusste in dem Moment eine gute Lösung. Wo ist das Problem? Ich frage auch, wenn ich etwas nicht weiß, und lasse es mir erklären. Haben die anderen mich jetzt wirklich nicht verstanden oder nutzen sie den einfacheren Weg nicht, weil ich die falsche Ausdrucksweise hatte?* Spätestens an dem Punkt bin ich ganz raus, das entbehrt jeglicher Logik. Nur weil jemand nicht die richtigen Worte findet oder die Fakten nicht nett „verpacken" kann, sind die anderen sauer und hören nicht mehr zu. Diese Verhaltensweise wird sich mir auch nie erschließen. Aber diese Ignoranz und Intoleranz begegnete mir fast täglich. Woher soll man als Kind auch wissen, dass die Meinungen der Kinder in der Erwachsenenwelt nicht zählen. Bei uns zu Hause war/ist das anders. Wir durften und dürfen sagen, was wir denken.

14. Ungerechtigkeit - *ein absolutes No-Go*

Schwindeln oder Lügen ist ein Prozess, den jedes Kind erst erlernen muss, wie Lesen, Schreiben, Rechnen, Laufen, Sprechen. Nur dadurch, dass Autisten die Gestik und Mimik der anderen Menschen nicht oder schlecht deuten können, merken sie meist nicht, wenn sie angelogen werden. Autisten sind ehrliche Menschen. Sie sagen, was sie denken. Später möchten sie zwar gern weiterhin die Wahrheit sagen, trauen sich aber nicht mehr aufgrund der gemachten Erfahrungen. Ziemlich rasch wird uns klar, dass viele Kinder gern schwindeln, vor allem, wenn sie die Schuld auf andere schieben können. Ein Lernprozess, den jedes Kind durchlebt. Nur muss man eben aufpassen, dass es damit nicht alles entschuldigen kann. Ein autistisches Kind kann sich verbal kaum wehren.
Was passiert?
Ein anderes Kind sagt: „Der war's!" Der Autist steht da, überlegt und stellt fest: Wenn sein Gegenüber nur mal kurz nachdenken würde, würde er merken, dass ich es gar nicht gewesen sein kann. Schon unser ausgeprägter Gerechtigkeitssinn lässt uns dann verzweifeln.

Aber ich habe doch alles so gemacht, wie ich es beim letzten Mal erlebt habe. Was war jetzt anders? Was habe ich falsch gemacht? Keiner hat Zeit mir alles bis ins kleinste Detail zu erklären. Warum sind die anderen Menschen nicht so logisch wie ich? Warum machen sie komische Sachen und bedenken nicht die Folgen? Ich gehe doch auch mit Logik an alle meine Handlungen. Ich möchte doch nur in die Schule gehen und ganz viel lernen - aber bitte nicht die komischen Eigenschaften von NT's auseinandernehmen müssen. Die sind mir zu kompliziert. Viele erfinden irgendwelche Ausreden, schwindeln, sind nicht zuverlässig. Denken meist nur an sich. Ich kann das alles nicht differenzieren. Wann schwindeln mich die anderen an? Was kann ich ihnen glauben? Ich will doch einfach nur meine Ruhe. Ist lügen normal? Muss man das können? Gehört das zu den Verhaltensweisen der ‚normalen' Menschen? Nur auf seinen eigenen Vorteil bedacht sein? Schwindeln um nicht bestraft zu werden? Sich über andere lustig machen? Was ist denn nun ‚normal'?

Ich verstehe das nicht? Ich bekomme aber immer gesagt, so wie die anderen Kinder sind, das ist ‚normal'. Aber wenn Lügen und die anderen Verhaltensweisen ‚normal' sind, dann möchte ich nicht ‚normal' sein.

15. Schulbegleiter - *so erleben sie die Arbeit mit autistischen Kindern und den Lehrkräften*

Ein Schüler schafft es nicht, seine Schulmaterialien pünktlich zu Stundenbeginn auf dem Tisch liegen zu haben. Die Schulbegleiterin übernimmt das für ein halbes Jahr und sagt dem Kind wiederholt, was es machen soll. Danach wird von der Lehrkraft bestimmt: Der Schüler muss das jetzt gelernt haben und selbstständig seine Unterrichtsmaterialien bereitlegen. Funktioniert der Schüler nicht, wird er von der Lehrkraft vor der ganzen Klasse angemahnt und der Lächerlichkeit preisgegeben. „Man muss das Kind einfach mal auflaufen lassen, dann wird es das schon lernen."
Der Schüler ist zu langsam und wenn er eine Aufgabe nicht versteht, rastet er aus. Die Lehrkraft untersagt der Schulbegleitung einzuschreiten, um ihn zu beruhigen oder ihm die Aufgabe zu erklären. „Der Schüler muss lernen, sich zu kontrollieren. Er kann ganz normal nachfragen, wie andere Kinder auch."
Kurze Anmerkung von mir: Hören sich die Lehrer manchmal selber zu, wenn sie solche Aussagen treffen? Was soll das bringen? Demütigungen, sich über Kinder lustig machen, die „Unfähigkeit" anprangern. Gerade bei einem autistischen Kind brennen sich solche Ereignisse ein. Sie werden für ihr ganzes Leben geprägt. Diese Lehrer sind sich nicht im Ansatz darüber klar, was es bedeutet ein Autist zu sein. Aber Gott sei Dank sind diese Lehrer eher die Ausnahme. Nehmen Sie sich daran bitte kein Beispiel.
Natürlich gibt es auch Eltern, die ein autistisches Kind dazu bringen möchten, dass es sich irgendwann ganz normal verhält. Das klappt nicht, aber die Eltern können das Kind einfach nicht so annehmen, wie es ist. Das merken die Schulbegleiter und auch Sie als Lehrkraft recht schnell. Bitte reden Sie mit den Eltern und erklären Sie, dass es nicht schlimm ist, da Autisten auch sehr viele positive Verhaltensweisen haben - wir sind eben nur ein wenig anders im Umgang mit unserem sozialen Umfeld.
Wichtig ist immer die Zusammenarbeit mit den Eltern. Ja, manche Eltern reagieren auch übervorsichtig und möchten, dass sich alles um das autistische Kind dreht. Aber das ist besser, als die Tatsache die Diagnose zu ignorieren. Sie können den Eltern Lektüre an die Hand geben, um ihnen zu zeigen, dass es wichtig ist, ein Mittelmaß zu finden.
Arbeiten Sie ganz eng mit den Schulbegleitern zusammen. Sie entscheiden, wann das Kind so weit ist und Aufgaben allein erledigen kann. Es braucht alles viel Zeit und Geduld. Arbeiten Sie bitte nicht gegen die Schulbegleiter. Nehmen Sie sich die Zeit, alles mit ihnen abzusprechen. Die Anforderungen, die Sie an das Kind haben, sprechen Sie bitte mit dem Schulbegleiter ab.
Noch ein Wort an die Schulbegleiter:
Bitte informieren auch Sie sich gut über die Besonderheiten Ihres Schülers. Kennen Sie einen Autisten, kennen Sie einen Autisten. Nehmen Sie Ihren Schützling ernst und gehen Sie auf seine Bedürfnisse ein. Hören Sie dem Kind zu und unterstützen Sie es dort, wo es Hilfe benötigt.
Und bitte sagen Sie dem Kind nicht jeden Tag aufs Neue, was es alles falsch macht und wie es sich richtig verhalten soll. Das Kind weiß um seine Defizite und es wird Ihnen sagen, wenn es Aufgaben allein erledigen kann - das Kind bestimmt, ab wann es Ihre Hilfe nicht mehr braucht. Natürlich müssen Sie vorsichtig daran arbeiten, dass der Schüler selbstständig wird, jedoch nur in Zusammenarbeit mit den Eltern, Lehrern, Jugendamt und Therapieangeboten. Eine optimale Förderung funktioniert, wenn alle an einem Strang ziehen und mit viel Geduld und Ruhe - ohne Bestrafung! - eine gewisse Struktur vereinbaren. Ansonsten ist das Kind verwirrt und weiß nicht, wie es sich verhalten soll. Wenn Sie Vereinbarungen mit dem Kind treffen, dann bitte unter Vorbehalt. Das Kind wird in einem Gespräch einwilligen, Ihre Anforderungen umzusetzen. Doch es setzt sich damit unter Druck, weil es ja noch gar nicht weiß, was am kommenden Tag wieder auf das Kind zukommt. Es bringt nichts, wenn Sie immer wieder mahnen: „Du hast aber gestern gesagt...". Ebenso sollten Sie wissen, dass manche Autisten soziale Interaktion nie erlernen werden. Schauen Sie bitte im oberen Teil, was das Kind alles kompensieren muss.

16. Wenn es knirscht zwischen den Eltern und den Lehrkräften - *Blickwinkel der Eltern*

Die Eltern erleben ihre Kinder natürlich aus einem ganz anderen Blickwinkel. Auch ich war ziemlich anstrengend und konnte lange Zeit nicht verstehen, warum die Lehrer nicht besser auf meinen Sohn eingehen konnten. Und ich glaube, ohne die Begleitung unserer Psychotherapeutin hätte ich meinen Sohn auch nicht so problemlos „loslassen" können.

Worin liegen nun die größten Probleme der Eltern und den autistischen Kindern? Aussagen von Eltern:

Ganz vorn: Die Lehrer wissen nichts über Asperger-Autismus. Weder darüber, wie die Schüler ihre Umwelt wahrnehmen, noch wie sie mit ihnen umgehen können.

Der Nachteilsausgleich wird nicht von allen Lehrern umgesetzt. Mein Kind hat schon Panik vor einigen Lehrkräften.

Die Lehrer schaffen es nicht, Ruhe in der Klasse zu halten.

Wir dürfen unsere Kinder nicht bis in den Klassenraum bringen - diese Sicherheit brauchen sie aber.

Es findet keine Kommunikation außerhalb der Sprechzeiten statt. Manchmal müssen aber die Probleme der Kinder gleich geklärt werden.

Wenn das Kind nicht funktioniert wie alle anderen, wird mit Ausschluss vom Unterricht gedroht.

Permanent wird unser Kind vor die Tür geschickt, weil es stört. Macht es sicher, aber nur, weil es zu laut ist in der Schule und es ständig von der Lehrerin gemaßregelt wird.

Der Schulbegleiter ist völlig inkompetent, der von allem Ahnung hat, aber mit Sicherheit nicht von Autismus.

Die Lehrer verlangen, dass mein Kind nach einem halben Jahr alles allein machen soll und der Schulbegleiter sich zurückzieht. Das funktioniert nicht. Der Schulbegleiter ist nicht da, um meinem Kind den Autismus abzutrainieren. Mein Kind braucht Zeit. Und die blöde Antwort - ich hatte schon andere Autisten, die haben das schneller gelernt - ist überflüssig.

Mein Kind darf nicht mehr in den Hort (Nachmittagsbetreuung), da es sich mit den anderen Kindern anlegt. Stimmt, macht es, aber es ist ihm auch viel zu laut. Das kann mein Kind nicht kompensieren. Gibt es keinen ruhigen Raum?

Der Direktor macht sich nicht mal die Mühe, mit uns Eltern zu reden und Lösungen zu finden. Entweder mein Kind funktioniert und verhält sich wie die anderen oder wir sollen die Schule wechseln.

Wenn mein Kind Geräusche von sich gibt, muss es raus.

Die Schule unterrichtet nach TEACCH. Ich habe keine Wahl und muss mein Kind dort hingeben. Die sind doch nur darauf ausgerichtet, mein Kind zu dressieren, damit es sich verhält wie andere Kinder. Was soll ich tun?

Nach den Ferien wird immer der Sitzplan geändert. Mein Kind hat schon Angst, in die Schule zu gehen, weil es damit nicht klarkommt. Es war sehr zufrieden mit seinem „alten" Platz. Muss denn das sein? Warum bestehen die Lehrer darauf?

Mein Kind kann keine Gruppenarbeiten mitmachen. Ständig muss es mit anderen reden, das kann es nicht. Es möchte lernen und nicht quatschen. Außerdem sitzt ihm dann meistens jemand gegenüber oder dicht daneben und da kann es sich gar nicht mehr konzentrieren.

Die Schulbegleitung darf meinem Kind die zu erledigenden Aufgaben nicht abnehmen. Die Lehrerin will, dass er spätestens nach der dritten Aufforderung alles allein machen kann.

Unangekündigte Arbeiten kann es gar nicht mitschreiben. Da steigt es sofort aus und verfällt in Panik.

Ich könnte Ihnen noch seitenweise Probleme aufschreiben, die Eltern und folglich auch die Schüler haben. Natürlich liegen die Defizite nicht unbedingt bei den einzelnen Lehrkräften, sondern eher in der Struktur und im Aufbau der jeweiligen Schule. Die Schulleitung ist hier in der Pflicht dafür zu sorgen, dass die Lehrer eine adäquate Schulung/Fortbildung bekommen, um die Kinder mit Besonderheiten auch zu verstehen.

Dabei hilft kein Fachbuch, welches uns nach „Schema F" einordnet, sondern Experten und das sind meistens die Betroffenen selbst. Es gibt inzwischen sehr viele Autisten, die Fortbildungen durchführen und das auch sehr gut erklären können.

Oftmals hilft es schon, mit den jeweiligen Therapeuten in Kontakt zu treten. So können Sie herausfinden, wie weit der Schüler in der Entwicklung ist. Bitten Sie die Eltern, Ihnen eine Schweigepflichtentbindung zu geben. Wenigstens bedingt, um mit Ärzten, Autismus-Zentren oder Ergotherapeuten zu kommunizieren.

Liebe Eltern, bitte arbeiten Sie mit den einzelnen Institutionen zusammen - es geht um Ihr Kind und es ist wirklich wichtig, das Verhalten aus verschiedenen Perspektiven zu betrachten und zu beurteilen. So kann man eine optimale Lösung finden.

Aber auch Sie, liebe Lehrer, sollten Verständnis für die Eltern haben. Die Eltern kämpfen so lange das Kind auf der Welt ist, um Verständnis - ob privat oder im sozialen Miteinander.

Wie können Sie als Lehrkraft unterstützen?

Der Schüler sitzt auf seinem Platz - völlig erschöpft von der bisherigen Reizüberflutung - und ist noch nicht bereit, seine Unterrichtsmaterialien auf den Platz zu legen.
Hat das Kind einen Schulbegleiter, kann er das Auspacken übernehmen. Und bitte geben Sie dem Schulbegleiter keine Zeit vor, ab wann er dem Schüler nicht mehr helfen darf. Keine Panik, der Schüler wird selbstständig. Viel wichtiger ist es erst einmal, die sozialen Interaktionen verarbeiten zu lassen. Der Schüler verbraucht dafür sehr viel Energie.
Ist das Kind allein, geht das Drama los, denn Sie müssen das Kind auffordern, sich auf den Unterricht vorzubereiten. Natürlich haben Sie nicht unendlich viel Zeit, um dem Kind alles hinzulegen oder es zigmal ruhig aufzufordern.
Kleiner Tipp: Lassen Sie das Kind für einen Moment in Ruhe. Versuchen Sie kurz vor Beginn der Stunde noch mal, das Kind aufzufordern, seine Sachen auszupacken oder aus dem Regal zu holen. In der Stunde damit anzufangen, würde die anderen Kinder stören. Auch die anderen Kinder brauchen Ruhe. Vielleicht können Sie aber dem Schüler ohne viele Worte ein Blatt und einen Bleistift hinlegen. So kann er wenigstens mitschreiben.
Mit viel Motivation schaffen Sie es auch, dem Schüler zu lernen, die Materialien pünktlich auf dem Platz zu haben: „Du schaffst das bestimmt. Möchtest du das mal probieren? Du hast dann mehr Ruhe und du musst dir nicht so viele Gedanken machen. Ich bin mir sicher, du schaffst das. Mach langsam, aber versuch bitte vor dem Klingeln fertig zu sein. Wenn nicht heute, dann vielleicht beim nächsten Mal." Vergessen Sie bitte nicht, dem Schüler die Wahl zu lassen. In dem Moment nehmen Sie den Druck und das Kind kann darüber nachdenken. Mit Druck ist der Schüler nur damit beschäftigt, seine Angst unter Kontrolle zu bekommen. Er ist blockiert. Blamieren Sie ihn nicht vor der Klasse mit Worten wie: „Wer ist wieder nicht fertig? Wie immer. XY wird es nie lernen." So erreichen Sie das Gegenteil.

Der Schüler kann immer mehr und wird immer ruhiger, je weniger Reizen er ausgesetzt wird. Dazu zählt auch, dass Sie den Nachteilsausgleich so anerkennen, wie er von einer Institution ausgestellt wurde. Das ist eine Verlässlichkeit, die den Schüler beruhigt. Wenn er im Unterricht nicht mitarbeitet, rufen Sie ihn nicht auf und stellen Sie ihm keine Fragen. Sie können auch schon vorher Fragen vorbereiten und sie dem Schüler auf den Platz legen, dann kann er sie beantworten, wenn es an der Zeit ist. So kann er sein Können unter Beweis stellen, muss aber nicht vor den anderen Kindern reden.

Versuchen Sie bitte die Gruppenarbeit, so weit es möglich ist, zu minimieren. Ruhe und Frontalunterricht in einer nicht so strengen Form ist für alle Kinder wesentlich angenehmer.

Sorgen Sie bitte für Strukturen. Planen Sie alles mit dem Schüler gemeinsam oder informieren Sie ihn wenigstens rechtzeitig über Veränderungen. Spontan geht nicht bei Autisten. Sicher mag es auch spontane Autisten geben, aber das ist eher die Ausnahme. Ein Vertretungslehrer oder eine Aufteilung der Klasse kann in einer Katastrophe enden. Bitte versuchen Sie das Kind aus der Situation zu nehmen und notfalls in einen separaten Raum gehen zu lassen.
Freiarbeit ist unter bestimmten Voraussetzungen möglich - dazu finden Sie in den Kapiteln von Stephanie Meer-Walter einige Beispiele.

17. Meine persönliche Meinung als Mutter zum gegenwärtigen Schulsystem (in Thüringen) - teilweise mehr als chaotisch

Die Kinder sind total überfordert. ADHS? Nein, die Schüler werden durch das System Schule in den Wahnsinn getrieben. Unter solchen Bedingungen kann man nicht lernen.

Die Lehrer sind am Limit, denn sie stehen allein vor einer Klasse und können nicht allen zeitgleich gerecht werden.

Lernschwache Kinder können sich nicht so lange konzentrieren und die Schülerzahl ist viel zu hoch. Im Schnitt sind zwischen fünfundzwanzig und vierunddreißig Kinder in einer Inklusionsklasse. Das grenzt schon an Körperverletzung.

Die Politik muss handeln!!! Kinder brauchen Ruhe, Struktur und Routinen.

Kinder, die einen erhöhten Förderbedarf haben, müssen wieder ruhig und mit gesondertem Lehrplan in Förderzentren lernen dürfen. Sie dürfen nicht täglich damit konfrontiert werden, was ihnen schwerfällt. Immer sind andere besser. Sie bekommen Arbeitsblätter mit leichteren Aufgaben. Sorry, aber die Kinder sind nicht dumm und sie bekommen in jeder Stunde mit, dass sie eine Lernschwäche haben. Denkt mal einer der Damen und Herren aus der Politik darüber nach, wie es den Kindern geht? Die Psyche leidet täglich. Das hat nichts mit Inklusion zu tun. Selbstredend gibt es viele Tausend Kinder, die man problemlos inkludieren kann - aber auf keinen Fall alle Kinder.
Einerseits wollen wir Individualität, andererseits sollen alle gleich beschult werden. Wie unlogisch ist das denn???

Autisten werden gezwungen, den Stress zu kompensieren. Die Kinder werden kaputt gespielt.

Jugendämter sind der Ansicht, ein Aspi müsste binnen kürzester Zeit gelernt haben, sich allein im Schulalltag zurechtzufinden. Wahrscheinlich ist es noch nicht zu ihnen durchgedrungen, dass wir für immer Autisten bleiben. Man kann Autismus nicht abtrainieren. Es wäre schön, wenn sich Institutionen, die über autistische Kinder entscheiden, weiterbilden und zwar mit richtigen Experten. Und das sind nicht immer Psychologen, sondern Betroffene selbst!

Stunden für Schulbegleiter werden gekürzt, weil Autisten lernen müssen, alles allein zu machen. Natürlich können sie viel lernen, aber alles der Reihe nach, und glauben Sie mir: Kein Autist nutzt das aus. Die Lehrkräfte werden ebenfalls allein gelassen und bekommen keinerlei Unterstützung.

Druck und Angst machen es auch nicht besser. Vor allem werden wir nicht wie die anderen sein - so sehr man uns auch dressiert.

Die Zeiten sollten vorbei sein, in denen man die Kinder psychisch kaputt spielt, indem man sie in den Funktionieren-Modus bringt, sich dann aber wundert, wenn die Kinder Depressionen haben.

Mit welcher Ignoranz manche Behörden über Kinder entscheiden, ist schon echt dreist. Null Interesse an der Psyche und Seele der Kinder. So kann das nicht weitergehen.

Selbst diese Damen und Herren müssen doch inzwischen mitbekommen haben, dass das derzeitige System Schule nicht mehr vertretbar ist. Wir hatten ein wunderbares Schulsystem. Aus irgendeinem Grund, der jedem logischen Menschenverstand verborgen bleibt, wurde das in ein Chaos verwandelt.

Warum? Sagen Sie nicht, es passierte im Zuge der Inklusion. Ok, das kam gerade recht, um Förderschulen zu schließen, Sonderpädagogen zu entlassen oder in andere Bereiche aufzuteilen.

Kleine Klassen und eine optimale Förderung dieser Kinder verursachen enorme Kosten - schon klar. Also was beschließen wir? Die Kinder - alle Kinder! - werden inkludiert, egal wie es den Kindern damit geht.

Wie schön (Ironie). In „normale" Schulen beschult. Keine zusätzlichen Kosten mehr. Schulungen der Lehrer - was das Mindeste gewesen wäre - werden nicht gegeben.

Plötzlich haben wir sechs lernschwache Kinder (L-Kinder), drei Autisten und sechszehn „normale" Kinder in einer Klasse. Großes Kino (Ironie). Unter dem Vorwand, keiner darf ausgeschlossen werden, werden Schüler und Lehrer verheizt. Die L-Schüler sind überfordert, es sind zu viele Kinder - keine individuelle Förderung. „Normale" Kinder werden ‚gezwungen', den L-Kindern Aufgaben zu erklären in chaotischen Gruppenarbeiten. Eine Lehrerin soll allen gerecht werden.

Schüler sollen gefördert werden - auch die Kinder, die sehr gut mitkommen. Funktioniert in der Realität nicht und das wissen auch alle - ich unterstelle eine gewisse logische Intelligenz. Was wird vom Kultus beschlossen? Wir schrauben die Lehrpläne runter??? In dem heutigen System Schule lernt doch keiner mehr was. Wie auch? (Wir lassen mal die Gymnasien außen vor - dort läuft es etwas anders, dort dürfen die Kinder noch lernen.) Momentan werden jegliche Bedürfnisse der Kinder ignoriert.

Es schaut so aus, dass „normale" Schulen ihr Level so weit zurückschrauben, dass wir auf Förderschulniveau zusteuern.

Und STOPP!

Die Schüler sollen natürlich lernen aufeinander Rücksicht zu nehmen, aber sie müssen nicht die Arbeit der Lehrer - besser Sonderpädagogen - übernehmen.

Ich will mich jetzt auch nicht weiter über die derzeitige Situation aufregen, denn davon wird es auch nicht besser. Abgesehen davon bin ich der Meinung, dass die Politik um die Problematik weiß.

Wir müssen nach vorn schauen und gute Lösungen finden. Hier dürfen nicht nur NT's entscheiden, sondern die Betroffenen selbst müssen gefragt werden.

Und über Rollstuhlfahrer/körperbehinderte Menschen brauchen wir gar nicht zu diskutieren - das muss eine Selbstverständlichkeit sein, am Unterricht teilnehmen zu können.

Wie funktioniert Schule? Wie kann man das System optimieren? Dazu nun die folgenden Kapitel von Stephanie Meer-Walter, einer ehemaligen Lehrerin und Rektorin, die aufgrund ihrer Asperger-Diagnose in dem System Schule nicht inkludiert werden kann. Dazu möchte ich keine Stellung abgeben, denn das würde echt nicht gut ausgehen.

Prinzipiell kann Inklusion, wenn sie gut geplant ist, bedingt funktionieren. Vorerst, bis es so weit ist, müssen die Förderzentren bleiben beziehungsweise wieder geöffnet werden.

Die Lehrer müssen über Jahre geschult werden und vor allem: WIR BRAUCHEN MEHR LEHRER UND KLEINERE KLASSEN!!!

18. Welche Schule passt zu meinem Kind - *Lass mich mitentscheiden!*

Wir hatten im Elternratgeber schon beschrieben, wie Schule auch funktionieren kann und zwar für alle zufriedenstellend.

Hier noch mal das Kapitel:

[...]

Als ich eingeschult wurde, begann die Zeit der Inklusion. Wir lernten alle gemeinsam in einer Lerngruppe, hatten keinen straffen Lehrplan mehr und bekamen je nach Bedarf neue Aufgaben. Zwei Lehrer begleiteten den Unterricht. Außerdem hatten wir jahrgangsübergreifendes Lernen der ersten und zweiten Klasse.

Ich für mich kann sagen, dass es kein Unterricht war, den ich mir gewünscht habe. Ich bezweifle auch, dass diese Lernmethode gut ist für „normale" Kinder. Sicher sollte es auch keinen knallharten Frontalunterricht geben, aber eine gewisse Struktur benötigt jedes Kind. Die Kinder werden regelrecht überfordert. Ich frage mich immer, wer sich das ausdenkt?

Jeder logisch denkende Mensch weiß, dass permanente Unruhe im Klassenraum die Schüler überfordert und Aspis sowieso. Wir brauchen ganz dringend Struktur und klare Linien. Wie jedes andere Kind auch brauchen wir Erklärungen. Ein Autist möchte nicht den ganzen Tag herumrätseln, was er denn jetzt machen soll oder kann.

Die Kinder zu animieren, nachzudenken und selbstständig Lösungswege zu finden, ist die eine Seite. Jedoch ein Kind mit sechs Jahren, welches gerade eingeschult wurde, damit zu überfordern, finde ich nicht gut. Schon im Unterricht herrscht eine gewisse Unruhe - in den Pausen sowieso. Wann findet ein Grundschulkind während eines Schultages Ruhe?

Auf dem Gymnasium hatte ich Frontalunterricht. Wie entspannend, ich konnte endlich lernen.

Viele Studien haben ergeben, dass Depressionen im Alter von vierzehn bis achtzehn Jahren zugenommen haben, dass Aggression unter Kindern schon in der Grundschule keine Seltenheit mehr ist.

Ach, na welch Wunder. Um zu wissen, was passiert, wenn Kinder keine Struktur haben und keine Ruhe finden, brauche ich keine Studie und auch kein Studium. Das ist Logik. Und dass Kinder dadurch überfordert und infolgedessen immer aggressiver werden, ist ebenfalls kein Wunder.
Zum Beispiel hat ein Autist in den ersten Jahren der Schulzeit kaum Erfolgserlebnisse, da er sich und andere nicht versteht und folglich auch Probleme hat, sich zu konzentrieren. Wenn ein Kind keinen Erfolg hat, keine guten Noten erzielt (und auch wenn wir die Noten weglassen, wie es ja ab und an im Gespräch ist) ist es demotiviert und fühlt sich nicht gut.

Was mich so daran ärgert, ist der Fakt, dass angenommen wird, wir seien dumm. Uns wird unterstellt, dass wir nicht merken, welche Defizite wir haben. So nach dem Motto: Wenn alle nett zu uns sind, und wenn alle auf uns Rücksicht nehmen, fällt uns doch gar nicht auf, dass wir anders sind.

Das ist nicht so gut durchdacht.

Bei einer Lesung bekamen wir gerade erst von vielen Jugendlichen (Asperger-Autisten) bestätigt, dass sie sich wohlfühlen, seitdem sie „unter sich" sind. Die Jugendlichen bekommen dort die Möglichkeit, ihren Schulabschluss zu erlangen oder eine Ausbildung zu absolvieren. Nicht nur Autisten lernen in dem „Dorf", alle Schüler oder Auszubildenden haben das eine oder andere Problemchen mit sich und der Welt.
Doch hier müssen sie sich nicht mehr verstellen. Autisten müssen nicht mit anderen kommunizieren, wenn sie nicht möchten. Sie finden Freunde, die ebenso „ticken" wie sie.

Sie „blühen" auf, haben Freude am Lernen und auf ihre Art Spaß am Leben. Ihre Betreuer und Lehrer können wunderbar mit ihnen umgehen, und durch sie lernen die autistischen Kinder und Jugendlichen auch den Umgang mit „normalen" Menschen. Aber eben ohne Druck und Stress.
Die Jugendlichen werden gefördert und können ihre Intelligenz einsetzen, da sie sich nicht mehr um die anstrengende Kommunikation mit „normalen" Mitschülern kümmern müssen.
Es müsste mindestens eine Einrichtung dieser Art in jeder Stadt geben, damit sich die Kinder frei entfalten können, die nicht in das System der gegenwärtigen schulischen Inklusion passen. Bei denen im Gegenteil durch die Inklusion sogar mehr Schaden angerichtet wird. Am besten schon ab dem Grundschulalter. Mit ausgebildeten Pädagogen und Lehrern, die uns verstehen (möchten).
Für Außenstehende mag die Inklusion toll klingen, aber: Wer denkt an die Folgen? Welche Erfahrungen machen Kinder mit Besonderheiten in „normalen" Grundschulen? Stellen Sie sich einmal eine Sekunde vor, sie müssten so einen Alltag erleben - mit all den Emotionen. Es gibt Millionen Kinder, die man inkludieren kann und für die es auch sehr wichtig ist.
Für ein Kind mit einer Kontakt- und Kommunikationsschwäche, welches nicht einmal mit sich selbst umgehen kann, kann die Inklusion hingegen das Aus bedeuten.

Kein Erwachsener möchte täglich acht Stunden und mehr unter den Bedingungen arbeiten - bei einer solchen Unruhe. Schon vor fünfzehn Jahren sagte ich den Lehrern, als diese Schulform (Schuleingangsphase - Kinder mit und ohne Lernbehinderung sowie Altersmischung) eingeführt wurde, was mit den Schülern passieren wird.
Und nein, ich bin keine Hexe, wie manche mich nennen, ich denke nach. Scherzhaft werde ich von einigen Personen aus meinem Bekanntenkreis so genannt. Oftmals sagen sie hinterher: „Sag nichts, du Hexe, ich weiß, das hast du gleich gesagt."
Wir lachen darüber. Für mich ist das aber normal, das gehört zu meinem Alltag. Ich kann nicht anders.

Wenn wir Kinder in Grundschulen nach Lesungen oder Vorträgen fragen, ob sie gern an die Schule gehen, bekommen wir zur Antwort: „Ich habe mich daran gewöhnt.", „Ich möchte meine Eltern nicht enttäuschen.", „Aber meine Mama freut sich doch, wenn ich mir Mühe gebe und an der Schule bleibe." Die Lehrer bestätigen uns die Aussagen oft. Zeitgleich berichten sie, dass sie mit den Eltern darüber nicht reden können. Die Reaktion der Eltern sei meist:
„Sie nehmen nur nicht genug Rücksicht auf mein Kind."

Da ich mich sofort in die Kinder hineinversetzen kann, könnte ich den Eltern nicht so ruhig begegnen. Ich würde ihnen wahrscheinlich gleich erklären, dass sie nicht an ihr Kind, sondern an sich denken und ihre Wünsche und Erwartungen auf ihr Kind projizieren.
Viele Eltern sind auch gezwungen ihre Kinder in die nächstbeste Schule zu geben, weil es keine andere Möglichkeit gibt. So etwas darf nicht passieren!

Jeder Autist hat unterschiedliche Eigen- und Wesensarten, wie jeder andere Mensch auch. Aus diesem Grund fühlt sich eben nicht jeder Autist wohl mit der Inklusion.

Was ist nun die richtige Schulform für ein autistisches Kind?

Auch hier gibt es keine pauschale Antwort, denn unsere Besonderheiten müssen individuell gehandhabt werden. Einige autistische Kinder kommen wunderbar in Inklusionsklassen zurecht und das ist auch sehr gut so. Andere fühlen sich in einem Förderzentrum wohl, in welchem man sich auf Asperger-Autisten spezialisiert hat und einzelne Klassen für diese Kinder zusammenstellt. Mit Kindern, die eine sozial-emotionale Entwicklungsstörung haben, können wir ebenso wenig ruhig arbeiten wie mit Kindern, die eine gravierende Lernbehinderung aufweisen. Diese Kinder brauchen ebenfalls gesonderte Klassen, um sie optimal fördern zu können.

Ich persönlich sehe eine Möglichkeit autistische Kinder in „normale" Schulen zu inkludieren, wenn der Unterricht separat stattfindet.
Es gab eine Zeit lang, bevor ich eingeschult wurde, die sogenannten Diagnose-Förderklassen, kurz DiaFö genannt. Diese Klassen würde ich etwas „umstrukturieren" und für Autisten „maßschneidern", ebenso für Kinder mit LRS, Dyskalkulie oder anderen Problemen in einzelnen Lernbereichen.

Für mich fängt Inklusion auch nicht im Unterricht an, sondern in der Freizeit, in Projektwochen, vielleicht in den Arbeitsgemeinschaften, Freizeitangeboten der Schulen. In vielen Schulen ist es auch der Hort.
Die Kosten wären überschaubar und ALLEN Kindern wäre sehr geholfen.

Meine Vorstellung vom - idealen - Schulalltag eines autistischen Kindes:
Ich weiß, ich muss nur kurz bevor ich in meinen Unterrichtsraum gehe, mit allen anderen Kindern Kontakt haben. Das reicht mir auch am frühen Morgen völlig aus.
Ich komme in meine Klasse, in der sich außer mir vielleicht noch neun weitere autistische Kinder befinden.
Es ist ruhig, denn die Nebengeräusche (Stimming) minimieren sich - wir sind ja unter uns. Viele Reize und Geräusche der anderen Kinder, die wir kompensieren müssen sind nicht da. Ich habe keinen Stress, denn hier verhalten sich alle anders. Mein Gedankenchaos muss sich nicht damit beschäftigen, was „normale" Kinder machen, warum sie das machen und wie ich mich verhalten muss.

Ich muss kurz abschweifen:
Wir wurden einmal gefragt, ob wir uns untereinander erkennen würden. Ganz so ist es sicher nicht. Aber schnell wird während einer Kommunikation klar, dass wir ähnlich „ticken". Wir brauchen unsere Gedankengänge oft untereinander nicht zu erklären. Nicht erklären, wie wir auf eine Aussage gekommen sind. Es geht dann einfach: „Du weißt, wie ich darauf gekommen bin, muss ich nicht erklären?" „Ja, klar", kommt dann als Antwort.

Zurück zu meinem Schulalltag in einer Aspi-Klasse:
Wir brauchen und also nicht zu erklären. Sie glauben gar nicht, wie gut wir oftmals untereinander kommunizieren können. Die anderen können einer solchen Unterhaltung vielleicht nicht immer folgen, aber es kann keiner sagen, dass wir nicht viel zu erzählen hätten. Das Gespräch verläuft nur anders - mit einer anderen Wortwahl und in einem anderen Kontext, den wir aber untereinander verstehen. „Normalen“ Menschen fehlt manchmal das „schnelle“ logisch-analytische Denken - wir müssen dann erklären und schon haben wir ein Problem.

In der Klasse wären alle entspannt, weil jeder sich verstanden fühlt. In den Kernfächern gibt es zwei Lehrer für zehn Schüler. Der Unterricht verläuft frontal, mit Phasen der Freiarbeit, aber strukturiert, ruhig und mit Erklärungen. In den Pausen verbringen wir gemeinsam mit anderen Kindern unsere Zeit, wenn wir das möchten.
Sind wir dazu nicht in der Lage, bleiben wir im Klassenraum, oder es gibt einen Ruhebereich auf dem Schulhof. Drei oder vier Tage im Monat gibt es Projekttage, an denen alle Schüler aus den verschiedenen ersten, zweiten oder dritten Klassen, werden zu kleinen Gruppen zusammengewürfelt, um die Projekte zu erarbeiten und deren Ergebnisse gemeinsam zu präsentieren. Das ist genug Stress für uns, aber wir verlieren nicht den Kontakt zu den „normalen“ Kindern. Die Schule sollte viele Freizeitangebote haben - Sport, Basteln, Kunst, Singen und vieles mehr. Hier verbringen wir unsere Zeit gemeinsam. Der Druck fällt weg, denn wir können ja jederzeit die Situation verlassen.
Im Hort bekommen wir die Möglichkeit, mit anderen Kindern zu spielen. Wird es uns zu viel, finden wir Ruhe in Entspannungsräumen, Chill-Ecken mit leiser Musik oder, oder, oder. Um Stress abzubauen, sollte es einen Raum mit einem fixierten Box-Sack oder Gummimatten an der Wand geben, an denen sich ein Kind auspowern kann, ohne andere Kinder zu traktieren.
Sportunterricht, Werken, Kunst oder Musik haben wir auch nicht mit anderen Kindern zusammen, denn wir sind motorisch alle nicht so begabt, ergo gibt es kein Gelächter. Selbst wenn wir mal lachen, würden wir es nicht so ernst nehmen, denn die anderen sind auch nicht besser. Wenn jemand lacht, dann nur, weil manche Situationen wirklich lustig sind. Wir sind ja nicht dumm, wir wissen, dass unsere Kunstwerke häufig nicht so toll sind. Autisten können auch lachen. Wir haben nur manchmal einen etwas gewöhnungsbedürftigen Humor.

Das wäre eine entspannte Lernatmosphäre. Die „normalen“ Kinder sind entspannt und möchten ihre Freizeit vielleicht gern mit mir verbringen, da ich ja nicht im Unterricht schon „genervt“ habe und sie so gut lernen konnten, wie es ihnen auch zusteht. Denn nicht nur Kinder, die eine Beeinträchtigung haben, haben ein Recht auf eine gute Schulbildung. Auch „normale“ Kinder haben dieses Recht. Und ich bin ganz ehrlich, so wie mich die „normalen“ Schüler überfordern, so überfordert sind sie mit mir. Also leben und leben lassen.

Wie erwähnt sind dann alle entspannter.

Eine andere Alternative wäre eine Schule für hochbegabte Autisten - eine staatliche Schule. Keine Schule, die wieder Kinder ausschließt, deren Eltern kein Vermögen erhalten.
Allen Kindern muss eine optimale Bildung zustehen und nicht nur Kindern gut situierter Eltern.

Die Betroffenen MÜSSEN gehört werden. Die Entscheidung, welche Schule für ein autistisches Kind gut ist, kann nicht von nicht autistischen Politikern, Jugendamtsmitarbeitern und Eltern beschlossen werden. Denn diese Menschen haben nicht ansatzweise eine Ahnung, was ein Kind aus dem Spektrum täglich ertragen muss.
Ich finde das traurig und daran muss sich etwas ändern. Ebenfalls kann es nicht sein, dass Eltern immer wieder aufs Neue um die Anerkennung des Nachteilsausgleichs kämpfen müssen.

Es muss einheitlich vom Gesetzgeber festgelegt werden, dass der Nachteilsausgleich so anerkannt wird, wie Fachärzte diesen ausstellen. Kein Lehrer sollte sich ‚anmaßen' über die Gesundheit des Kindes entscheiden zu dürfen. Dafür gibt es Psychologen, Psychiater, Sonderpädagogen in Kliniken. Die Lehrer müssen Kinder und Eltern unterstützen.

Helfen Sie uns die Schulen so umzustrukturieren, dass eine Form von Inklusion gelebt werden kann, in der sich auch Autisten mit einer Kontakt- und Kommunikationsschwäche wohlfühlen. Gemeinsam an einer Schule, aber in zum Teil getrennten Lerngruppen, denn dann können alle entspannt(er) lernen.

Denken Sie einmal darüber nach.

Statt eines Vorwortes: Ein Fallbeispiel, das Ihnen vielleicht bekannt vorkommt

Stephanie Meer-Walter

Ich entnahm dem Vertretungsplan, dass ich in meiner Springstunde eingesetzt bin. Die Klasse - eine Inklusionsklasse mit Schülern unterschiedlichen Unterstützungsbedarfes, den ich aber nicht kannte und worüber ich auch keine Informationen erhielt -, kannte ich nicht, ich hatte dort keinen Unterricht und war bislang auch nicht mit ihr über andere Veranstaltungen oder Vertretungsunterricht in Berührung gekommen. Die Klassenlehrerin teilte mir mit, dass die Schüler an ihrem Wochenplan weiter arbeiten sollten. Sie wüssten, was sie zu tun hätten. Das hörte sich gut an und versprach eine ruhige Stunde. Und so war es zunächst auch einmal. Die Schüler holten ihre Materialien zu Beginn der Stunde aus ihren Kisten und begannen mit der Arbeit. Ich gestattete ihnen, sich im Flüsterton mit ihrem Nachbarn auszutauschen. Das kannten sie, war eingeübt - wie überhaupt alle Abläufe sehr gut und reibungslos umgesetzt wurden -, und entsprechend unaufgeregt gestaltete sich die Vertretungsstunde. Ich beantwortete einzelne Fragen, gab Hilfestellungen und „stolperte" dabei über einen Schüler, der am Fenster saß. Er spielte mit seinen Stiften und machte sonst... nichts. Mir schien, dass er auch die Materialien nicht vollständig beisammen hatte. Ich ging zu ihm hin und forderte ihn auf, die Stifte zur Seite zu legen und mit der Arbeit anzufangen. Dann wendete ich mich wieder den anderen Schülern zu. Nachdem alle Fragen geklärt waren und alle Schüler arbeiteten, setzte ich mich ans Pult. Alle Schüler arbeiteten? Nein. Der besagte Schüler war immer noch mit seinen Stiften beschäftigt und hatte sich nicht weiter geregt. Er hatte meine Aufforderung komplett ignoriert! Ich ging also wieder zu ihm hin und forderte ihn erneut auf. Wieder reagierte er nicht. Ich fragte, was das Problem sei. Er schaute mich nicht an und antwortete nicht. Ich redete weiter und erklärte ihm, dass ich erwartete, dass er anfange zu arbeiten oder mir bitte erkläre, warum er nicht arbeiten könne. Wenn er mir erklärt hätte, dass er zum Beispiel Stress zu Hause hätte und sich nicht konzentrieren könne, hätte ich ihn in Ruhe gelassen. Aber er sagte gar nichts und guckte mich nach wie vor nicht an. Er schaute „stur" geradeaus. Die Klasse war inzwischen mucksmäuschenstill geworden und verfolgte die Szene gebannt. Als ich den Schüler nur noch fragend ansah und fieberhaft überlegte, wie ich mit dieser Situation umgehen sollte, erklärten einige Schüler, dass es immer so wär, dass ihr Mitschüler nicht reden und auch nicht arbeiten würde. Aha, es lag also nicht unbedingt an mir. Ich ließ ihn fortan in Ruhe und setzte mich wieder ans Pult. Ich wollte mit der Klassenlehrerin sprechen und ihr rückmelden, dass die Klasse gut gearbeitet habe mit Ausnahme dieses einen Schülers.

Ich hatte so eine Situation zuvor noch nicht erlebt, dass ein Schüler mich nicht anguckt, nichts sagt und so gar keine Regung zeigt. Für meine Rolle als Lehrerin hatte ich mir ein umfangreiches Skript erstellt, das alle möglichen Situationen enthielt sowie dazu passende Handlungsanweisungen. Dieses Kapitel fehlte. Ich war mit der Situation überfordert und konnte auch gar nicht weiter reagieren. Deshalb war ich froh, dass der Schüler zumindest nicht laut, aggressiv oder störend wurde, sondern „einfach" nur ruhig da saß. In meinem Kopf aber ratterte es: „Warum nur verhält er sich so? Was soll, muss ich jetzt machen? Ist das richtig, dass ich ihn einfach in Ruhe lasse? Bestimmt wird mir hinterher die Klassenlehrerin sagen, dass das völlig falsch ist, dass ich dieses oder jenes hätte machen müssen. Warum weiß sie immer, was zu tun ist? Warum weiß ich das nicht? Und die Schüler denken bestimmt auch, was das für eine Lusche da vorne ist. Bei der/mit der kann man ja alles machen. Oh Mann, ich scheitere schon an so einfachen Situationen. Und der Schüler lernt diese Stunde nichts. Er hat doch ein Recht auf Lernen und ich einen Bildungsauftrag. Ich kann es wirklich nicht. Es wird nicht mehr lange dauern, bis das auffliegt. Auf der anderen Seite: Was weiß ich, was mit dem Schüler los ist?

Ich bin nicht Lehrerin dieser Klasse und damit ist es auch nicht meine Aufgabe, das jetzt herauszufinden. Und wenn er diese Stunde nichts lernt, dann ist das eben so.

Es ist Aufgabe der Klassenlehrerin, eine Beziehung zu dem Schüler aufzubauen. Hilfe, wenn ich das gleich im Lehrerzimmer erzähle, werden mich wieder alle komisch angucken und mir sagen, was ich hätte tun können, ja müssen. Und ich bin wieder der Depp...!" Viele Gedanken mehr kreisten durch meinen Kopf, bis es endlich klingelte und ich erleichtert den Klassenraum verlassen konnte.

Sie werden erkannt haben, dass der besagte Schüler ein Autist war. Und Sie werden, wenn Sie den ersten Teil dieser Handreichung gelesen haben, auch verstehen, warum der Schüler sich so verhalten und wie er sich wahrscheinlich gefühlt hat. Er war mit der Situation genauso überfordert und verunsichert wie ich. Nur wusste ich weder, dass er ein Asperger-Autist war, noch wusste ich, dass ich selbst autistisch bin! Einzig die Klassenlehrerin war darüber informiert, dass er autistisch ist. Die Eltern hatten sie aber gebeten, es nicht bekannt zu machen und auch nicht die Lehrer, die ihn unterrichteten, zu informieren. So wussten die Mitschüler nicht, warum er sich so eigenartig und ganz anders verhielt und taten ihn kurzerhand als komisch ab. Aber auch die Lehrer wussten eben nicht mit ihm umzugehen, konnten die Schwierigkeiten und Probleme ja überhaupt nicht einordnen. Leidtragender war der Schüler. Seine Eltern wollten jedoch auf keinen Fall, dass die Autismus-Diagnose bekannt würde, weil sie die Stigmatisierung fürchteten. Das finde ich erschreckend und bezeichnend zugleich. Sowohl ein Verschweigen der Diagnose wie die nach ihrer Offenlegung folgende Stigmatisierung vermitteln dem Kind das Gefühl, dass es falsch ist und nicht sein darf. Sein, wie es ist. Wenn man sich vorstellt, was diese Aussage in letzter Konsequenz bedeutet, wird einem ganz anders. Deshalb ist es so wichtig, aufzuklären und autistische Menschen in die Gesellschaft zu integrieren. Bei den gegenwärtigen Diskussionen über die Kosten im Gesundheitssystem und die Möglichkeiten der pränatalen Diagnostik sehe ich es nicht mehr in weiter Ferne, dass Autismus ein Kriterium für einen Schwangerschaftsabbruch wird!

Wie gesagt, ich wusste zu dem Zeitpunkt der Vertretungsstunde nicht, dass ich autistisch bin. Ich hatte bis dahin zwar schon das ein oder andere Mal scherzhaft gesagt, dass ich wohl autistische Züge hätte, aber es nie ernsthaft für möglich gehalten. Und ich hatte überhaupt keine Ahnung von Autismus! Das war in meiner Ausbildung und auch in meinem Berufsleben bis dahin nie ein Thema gewesen. Ich habe mich immer für neurotypisch gehalten. Ich merkte zwar, dass ich anders war, aber ich wusste eben nicht, warum. Die Schlussfolgerung war für mich, einfach mehr zu machen und härter zu arbeiten, um so zu werden wie die anderen. Ich hatte praktisch kein Privatleben und investierte meine ganze Energie in die Schule, um dort Fuß fassen zu können. Da traf es sich ganz gut, dass Unterrichtsentwicklung mein Spezialinteresse war. So erlangte ich mühsam eine gewisse Verhaltens- und Handlungssicherheit in dem geschützten sowie begrenzten Raum Schule beziehungsweise, um genauer zu sein, Klassenraum. Im Klassenraum fühlte ich mich sicher, ich wusste nach jahrelanger Unterrichtstätigkeit halbwegs, wie ich mich verhalten musste. Es gelang mir stets, eine Beziehung zu meinen Schülern aufzubauen. Mein intensives Fühlen der Schwingungen und meine bedingungslose Annahme anderer Menschen, mein grundsätzliches Vertrauen in Schüler - das waren autistische Merkmale, die eine Stärke darstellten. Außerdem wollte ich immer herausfinden, wie Lernen funktioniert und wie ich mit den Schülern zusammen die Lehr-Lern-Prozesse verbessern kann. Mein unendlicher Wissensdurst sowie meine Experimentierfreude auf diesem Gebiet - auch dies waren Stärken, die ich einbringen konnte. Außerhalb des Klassenraums war es allerdings bedeutend schwieriger für mich, vor allem im Lehrerzimmer. Dort hatte ich keine Chance, mich in dem „sozialen Chaos" zurechtzufinden. Wenn ich Eltern oder Schüler außerhalb der Schule traf, gab es keinen Schutzraum mehr und meine Sicherheit war wie weggezaubert.

Ich versuchte immer, mich dann zu verstecken, zum Beispiel hinter Bäumen oder Regalen im Supermarkt. Es mutete schon manchmal sehr skurril an.

Wer bin ich eigentlich und was habe ich zu sagen?

Von 2002 bis 2019 war ich im nordrhein-westfälischen Schuldienst als Lehrerin (für die Fächer Geschichte, Französisch und Praktische Philosophie) tätig, zunächst an Realschulen, dann an einer Gesamtschule, die neu gegründet wurde. Daneben war ich jahrelang Studien- und Berufswahlkoordinatorin, Mentorin für Kooperatives Lernen als auch Fachberaterin für Französisch bei der Bezirksregierung und Fachmoderatorin in der staatlichen Lehrerfortbildung - Sie erinnern sich, mein Spezialinteresse sind die Unterrichtsentwicklung sowie die Gelingensbedingungen von Lehr-Lern-Prozessen. Nach acht Jahren wechselte ich in die Schulleitung, war stellvertretende Schulleiterin, Schulleiterin und didaktische Leiterin. Ich habe also einige Erfahrungen an verschiedenen Stellen im System Schule sammeln können. Dass ich Asperger-Autistin bin, habe ich erst vor zwei Jahren erfahren, nachdem im Rahmen der psychotherapeutischen Behandlung meiner schweren Depressionen der Verdacht aufgekommen war. Gott sei Dank! Denn es lässt sich erahnen, wie schwierig das Leben für einen nicht erkannten autistischen Menschen ist, wenn Sie den ersten Teil der Handreichung gelesen haben. Erschreckend, wenn schon ein junger Schüler denkt, dass es doch besser wäre, er wäre gar nicht auf der Welt, weil er anders ist. Als ich dies von Leo Kohl las, musste ich schlucken, auch weil ich mir als Mutter einer Tochter im gleichen Alter wie Leo Kohl heute vorstellen kann, wie seine Mutter Franca Peinel dabei gefühlt haben muss!

Ich möchte Ihnen die Zusammenfassung meiner gut zwanzigjährigen Suche - vor 2002 war ich drei Jahre Vertretungslehrerin an verschiedenen Gymnasien in Niedersachsen gewesen -zur Verfügung stellen. Entstanden ist ein Entwurf des barrierefreien Lehrens und Lernens, das darauf basiert, den Schülern ein Beziehungsangebot zu machen, indem ich ihnen gestatte, zu sein. Chancengleichheit und Bildungsgerechtigkeit waren für mich nie nur Phrasen. Ich gehöre zu den bis heute gleichbleibend niedrigen circa siebenundzwanzig Prozent von Arbeiterkindern, die als erste in ihrer Familie ein Studium geschafft haben. Dass der Zugang zu Bildung nicht selbstverständlich war, hatte ich am Beispiel meiner Eltern sehen können. Dort war sie noch den sogenannten höheren Töchtern und Söhnen vorenthalten gewesen. Gerade vor meinem eigenen biographischen Hintergrund ist es mir so wichtig, dass - zumindest in der Schule - alle Kinder die gleichen Chancen auf Lernen haben und Zugang zur Bildung - was auch immer sie nun konkret bedeutet - erhalten. Dies wird durch Barrierefreiheit im Lernen erreicht. Es ist mein Angebot für Sie, bei dem Sie entscheiden, ob und wie Sie es nutzen möchten. Es ist keine „eins-zu-eins"-Anleitung. Es ist vielmehr die Quintessenz meiner Erfahrungen bei der Suche danach, was im Lehr-Lern-Prozess geht, wirksam ist und was nicht, was im Gegenteil in die Irre führt. Als ich 2002 meine feste Stelle antrat, fiel dies in die Zeit eines beginnenden Aufbruchs. Die Bildungsstandards und mit ihr nach und nach die neuen Kernlehrpläne traten in Kraft. Der Paradigmenwechsel vom Input zum Output, hin zur Kompetenzorientierung musste geschultert werden. Es war viel im Umbruch, unruhig. Das begünstigte aber gleichzeitig mein Suchen und Ausprobieren. Ich konnte mich sozusagen „austoben" - und meine Schüler machten es mit. Ihnen ist mein Unterrichtsentwurf zu verdanken und ihnen widme ich ihn auch!

Die Beschreibung meines Entwurfes enthält keine fachspezifischen Beispiele, er versteht sich als übergeordnetes Modell, das für alle Fächer und alle Altersstufen gleichermaßen verwendbar ist. Konkrete Anwendungsbeispiele habe ich in verschiedenen Fachartikeln veröffentlicht. Dort können Sie vor allem für das Fach Französisch nachlesen, wie eine Unterrichtseinheit in der Praxis umgesetzt werden kann. Sie sind in der Literaturliste enthalten.

Mein Unterrichtsentwurf enthält entsprechend der Definition von ‚Entwurf' die wesentlichen Punkte gelingender Lehr-Lern-Prozesse. Er ist nicht statisch und unbeweglich, sondern besteht aus einem Gebilde, das in sich biegsam und veränderbar ist, allerdings nur bis zu einem bestimmten Grad.

Es gibt Eckpunkte, die nicht verschiebbar sind. In welche Richtung Sie das Gebilde bewegen, müssen Sie selbst entscheiden. Das hängt von Ihnen als Lehrerpersönlichkeit ab, von Ihren Schülern, von der Zusammensetzung Ihrer Lerngruppen. Mein Entwurf ist zweigeteilt, wobei beide Teile zusammengehören. Es geht um die Schaffung einer Lernlandschaft, die bedürfnisgerechtes Lernen ermöglicht, wobei bedürfnisgerecht nicht Arbeitsaufträge auf drei unterschiedlichen Niveaustufen meint, sondern vielmehr den Schüler ganzheitlich in den Blick nimmt. Ein Beziehungsangebot im humanistischen Sinne von Rogers gestattet dem Schüler, zu sein, in seiner ganzen Persönlichkeit. Dies ist sozusagen der zweite Teil meines Entwurfs.

Vielleicht wundern Sie sich, dass ich nicht explizit über autistische Schüler schreibe oder Ihnen eine „Gebrauchsanweisung" für autistische Schüler an die Hand gebe. Eigentlich müsste ich doch dafür als autistische Lehrerin prädestiniert sein, oder? In meinem Unterrichtsentwurf richte ich - wie gesagt - einen ganzheitlichen Blick auf meine Schüler, der von ihren - auch emotionalen - Bedürfnissen ausgeht. Damit erreiche ich alle Kinder und brauche keine besonderen Modelle oder Ähnliches. Wohl aber brauche ich Wissen und Kenntnisse über meine Schüler, um sie verstehen zu können. Dies gelingt am besten, wenn ich sie so akzeptiere und wertschätze, wie sie sind, und ihnen gut zuhöre. Und vor allem: Ihnen glaube, was sie mir erzählen, auch wenn es für mich unvorstellbar erscheint. Damit fügen sich die beiden Teile dieses Lehrerratgebers zusammen.

Franca Peinel hat zum Abschluss des ersten Teiles in einem sehr persönlichen Statement ihren Gedanken über das Schulsystem in Thüringen freien Lauf gelassen. Ich schließe meinen - diesen zweiten - Teil ganz ähnlich mit persönlichen und kritischen Gedanken als autistische Lehrerin und ehemalige Schulleiterin (in Nordrhein-Westfalen) ab.

Iserlohn, im Februar 2020
Stephanie Meer-Walter

1. Ein Beziehungsangebot machen: Dem Schüler gestatten, zu sein - Mein Entwurf des barrierefreien Lehrens und Lernens (siehe Anlage)

1.1 Warum ausgerechnet eine Asperger-Autistin die Beziehungsfähigkeit als zentrales Merkmal für barrierefreies Lehren und Lernen herausstellt: Darf sie das? Kann sie das überhaupt?

Wie komme gerade ich als Asperger-Autistin dazu, einen auf eine verständnisvolle Beziehung zwischen Lehrer und Schüler beruhenden Entwurf eines Lehr-Lern-Prozesses anzubieten? Wie konnte ich überhaupt Lehrerin sein, wo doch das Kontaktverhalten und die Kommunikation sowie soziale Interaktion als schwierig, als „gestört" bei autistischen Menschen bezeichnet werden? In der Frage selbst liegt die Antwort.

Eben weil mir der soziale Autopilot fehlt und damit ein intuitives Agieren und Reagieren im zwischenmenschlichen Bereich nicht möglich ist, musste ich immer sehr genau zuhören, was mein Gegenüber sagte. Aktives Zuhören wurde zu meinem Instrument. Ich konnte ja nicht erahnen, was der andere meinte. Wenn ich ihn also verstehen wollte, musste ich nachfragen, mich vergewissern.

Darüber hinaus musste ich mir ein Skript für mein Lehrerinnen-Sein schreiben. Ich habe fast alles an Literatur zur Gestaltung des Unterrichts, zur Kommunikation, zur Sprache im Klassenraum und so weitergelesen. Dadurch habe ich mehr Wissen erlangt als die meisten meiner Kollegen und machte ausgerechnet meine Schwäche zu einer - zumindest - theoretischen Stärke.

Ich habe bei anderen genau hingeschaut, wie sie sich verhalten und wie sie auf welche Situation wie reagieren. Dabei konnte ich feststellen, dass sich daraus nur bedingt Regeln ableiten lassen. Denn viele Reaktionen blieben für mich unverständlich. Also musste ich mich besonders bemühen, mein Gegenüber zu verstehen. Denn ich wollte ihn verstehen! Und so erging es mir auch mit den Schülern: Ich wollte verstehen, warum sie sich verhielten, wie sie sich nun einmal verhielten. Das war für mich extrem wichtig. Gleichzeitig fühlte ich die Schwingungen der einzelnen Schüler und in der Klasse insgesamt sehr intensiv. Um damit umgehen zu können, habe ich die Schüler angesprochen, nachgefragt, was los ist, oder mich einfach als Ansprechpartner zur Verfügung gestellt. Ich brauchte für mich selbst eine möglichst spannungsfreie Zone für den Lehr-Lern-Prozess. Also ging ich den Spannungen, die ich in der Klasse fühlte, nach und versuchte sie stets, aufzudecken und abzubauen. Dabei halfen mir das Wissen und die Methoden, die ich mir durch die Literatur angeeignet hatte. Vor allem aber half mir, dass ich die Gespräche auf der Meta-Ebene suchte. Gerade in solchen Konfliktgesprächen war mein fehlender sozialer Autopilot von Vorteil, weil ich sachlich, aber nicht emotionslos blieb. Das erleichterte viele Gespräche mit den Schülern wie mit ihren Eltern, sodass wir einen guten Zugang zueinanderfanden und eine tragfähige Beziehung aufbauten. Die Beziehungsgestaltung zu den Schülern und ihren Eltern kostete mich viel Energie, aber sie gelang - fast - ausnahmslos.

Dabei half mir sicherlich, dass ich mein Gegenüber so annehme, wie er ist, und ihm vorurteilsfrei begegne. Ich glaubte auch, was er mir sagte, weil ich keinen Grund sah, ihm zu misstrauen. Dies wurde mir oft als Naivität ausgelegt. Durch mein autistisches Sein weiß ich nur allzu gut, was es bedeutet, anders als die Mehrheit zu sein, und vor allem weiß ich, was es mit mir gemacht hat, dass meine andere Wahrnehmung als falsch betrachtet und mir abgesprochen wurde. Damit wurde ich irgendwann auch als Mensch abgelehnt. Ich kenne nicht das Gefühl, einer Mehrheit anzugehören, gleich zu sein wie alle anderen.

Aber ich kenne das Gefühl, nicht dazuzugehören, die Selbstverleugnung, die enormen Anstrengungen, mich an die Bedingungen anzupassen, um dabei sein zu können. Gerade deshalb ist es mir so wichtig, dass die Schüler sein dürfen, wie sie sind! Sie müssen sich nicht verbiegen, sie müssen nicht gebrochen werden. Auf dieser Grundlage schuf ich die Basis für eine tragfähige Beziehung.

Mein eigenes Bedürfnis nach Strukturiertheit und Klarheit entsprach dem Bedürfnis der Schüler. Ich brauchte eindeutige Regeln für den Umgang miteinander und die Gestaltung der Lehr-Lern-Prozesse. Diese halfen den Schülern genauso und somit trafen sich unsere Bedürfnisse hier.

1.2 Meine humanistische Grundhaltung

Den Lehr-Lern-Prozess verstehe ich ganzheitlich. Er vereint die kognitive Entwicklung mit der Persönlichkeitsentwicklung. Das Entscheidende in der Schule und in der Beziehung zum Schüler ist für mich: Dem Schüler gestatten, zu sein. Dem Schüler gestatten, der zu sein, der er ist. Dem Schüler gestatten, anders sein zu dürfen. Damit schließe ich alle Schüler ein. Das bedeutet, dass ich das Handeln und Verhalten der Schüler als Folge ihrer Gefühle betrachte und also versuche, ihre Gefühle zu verstehen, ohne sie zu werten. Dabei konnte ich feststellen, dass die Handlungen und das Verhalten funktionale menschliche Bewältigungsstrategien sind. Schüler wollen grundsätzlich lernen und sind nicht per se böse. Sie stören nicht den Unterricht oder verhalten sich fehl, weil sie Spaß daran haben oder ihnen einfach mal so danach ist. Im Gegenteil: Sie entspringen einem Bedürfnis, das gerade nicht erfüllt wird. Wenn ich dies erkenne, kann ich mit dem herausfordernden Verhalten anders umgehen und andere Lösungswege zusammen mit dem Schüler finden. Es geht mir darum, die innere Logik der Schüler zu verstehen, das „Warum" ihres Verhaltens herauszufinden. Ich ermögliche ihnen so, sich selbst nicht verleugnen zu müssen, was geschieht, wenn sie für ihre Anpassung zu viele Anteile ihrer Persönlichkeit unterdrücken müssen. Das heißt nicht, dass jeder machen kann, was er will und ich immer verständnisvoll nicke. Das Einhalten von klar kommunizierten Regeln und Abmachungen gilt für alle Beteiligten. Aber ich gehe mit Regelverstößen und störendem Verhalten anders um, wenn ich einen wertschätzenden Umgang mit dem Schüler, dem ich bedingungslos positiv begegne, pflege. Damit stärke ich sein Selbstwertgefühl, das gerade bei auffälligen Kindern am geringsten ausgeprägt ist. In der gegenwärtigen Zeit, in der Kinder um die Aufmerksamkeit ihrer Eltern in Konkurrenz zum Handy/ Tablett buhlen müssen, sollten sie in der Schule in ihrer ganzen Persönlichkeit wahrgenommen werden.

Hilfreich ist, wenn ich über Kenntnisse aus der Entwicklungspsychologie verfüge, sodass ich einschätzen kann, ob das Verhalten eines Schülers alterstypisches, also entwicklungsgemäßes Verhalten ist. Abhängig von der Beantwortung dieser Frage erlangt es eine unterschiedliche Bedeutung. Inwiefern entspringt sein Verhalten seiner Persönlichkeit und inwiefern ist es eine Reaktion auf mein Verhalten? Welches Verhalten ist auf das Elternhaus zurückzuführen und welches ergibt sich aus der Gruppendynamik der Klasse?

Ich hatte bereits geschrieben, dass Schüler lernen wollen. Die nötigen Ressourcen bringen sie bereits mit, sie müssen „nur" noch offen gelegt beziehungsweise abgerufen werden. Die Schüler werden sie in der entsprechenden Lernumgebung selbst entdecken und nutzen.

Der Status eines Schülers als Schüler mit sonderpädagogischem Unterstützungsbedarf ist für mich nicht Barriere oder Anlass, ihn nicht unterrichten zu wollen, sondern Ausgangspunkt meiner Überlegungen: Wie müssen die Lehr-Lern-Prozesse gestaltet werden, um seinen Bedürfnissen gerecht zu werden?

Die verschiedenen „Etikettierungen", die Schüler in ihrer Schulzeit erfahren - damit meine ich nicht nur die „offiziellen" wie Asperger-Autismus oder Dyskalkulie, sondern auch die ihnen von den Lehrkräften zugeschriebenen wie „lernfaul", „lernschwach", „renitent", „fleißig" und so weiter - dürfen nicht dazu führen, dass wir Schüler in Schubladen packen und ihnen damit den Zugang zu barrierefreiem Lernen verschließen.

Den individuellen Bedürfnissen meiner Schüler konnte ich mit meinem Ansatz auf zwei Ebenen begegnen: Einmal auf der unterrichtlichen Ebene durch die Lernlandschaft und zum anderen auf der Beziehungsebene, die überhaupt erst Voraussetzung für gelingendes Lehren und Lernen ist. In der folgenden Beschreibung beginne ich mit der Planung der Lehr-Lern-Prozess-Phasen, um anschließend die Kernpunkte einer humanistischen Grundhaltung der Lehrenden für eine vertrauensvolle Beziehung zwischen Lehrer und Schüler herauszuarbeiten.

1.3 Barrierefreiheit - mehr als ein Fahrstuhl

Barrierefreiheit bedeutet, dass alle Schüler den Lernort erreichen können. Einerseits. Barrierefreiheit bedeutet darüber hinaus aber auch, dass alle Schüler Zugang zum Lernen erhalten. Im Klassenraum zu sein heißt noch nicht, dass auch für alle Schüler Lernen möglich ist. Im Lehr-Lern-Prozess gibt es Barrieren, die ein Lernen verhindern können und Schülern den Zugang versperren. Darum geht es, wenn ich von barrierefreiem Lernen spreche. Das ist ganz schön schwierig, wenn 30 (oder auch mehr) Kinder in einer Klasse sind und ganz unterschiedliche Voraussetzungen und Bedürfnisse mitbringen. Ziel muss trotzdem sein, allen Kindern die Teilhabe am Lernen zu gestatten, ihnen einen Zugang zu schaffen.

Wie können nun Lernwege so initiiert und gestaltet werden, dass alle Schüler einer Lerngruppe ihren jeweiligen Fähigkeiten und ihrem kognitiven Potenzial entsprechend ihren je eigenen Lernweg gehen können? Wie ist Unterricht anzulegen, der dem Umstand, dass eine Lerngruppe bis zu 30 je individuelle Schüler umfasst, bei einer „Streuung" von Kindern mit sonderpädagogischem Unterstützungsbedarf bis hin zu (hoch)begabten Kindern Rechnung trägt und nicht nur auf die mehrheitliche und vermeintlich homogene Mitte ausgerichtet ist?

Dies ist ein hoher Anspruch, dem Schule sich stellen und an dem Schule sich messen lassen muss. Das Kerngeschäft von Schule ist der Unterricht, das Unterrichten. Im Mittelpunkt stehen die Schüler und ihr Lernen, ihre Lernprozesse. Unterricht ist von ihnen aus zu denken und zu planen. In meinem Ansatz des barrierefreien Lernens geht es um eine Lernlandschaft für die Lernprozesse der Schüler, die in einem festen Rahmen eingebettet ist. Innerhalb dieser Lernlandschaft können die Lernenden sich frei bewegen, so dass Lernwege von standardisiertem Üben, wo es nötig und sinnvoll ist, über die Entwicklung eigener Lösungswege bis hin zu vertiefenden, über den curricularen Rahmen hinausgehenden Zugängen ermöglicht werden. Dafür habe ich ein Planungsmodell entwickelt, das mir geholfen hat, eine solche Lernlandschaft für meine Schüler als Angebot im Sinne von Helmke entwickeln zu können, die ihr Lernen initiiert und sie auf ihren jeweiligen Lernstufen oder eine Stufe darüber arbeiten lässt.

1.4 Das Gerüst: Die Lernzieltaxonomie(n) von Bloom

Ich gehe in meinem Unterrichtsansatz von dem Kompetenzbegriff Weinerts aus, der sich verkürzt in folgendem Dreieck darstellen lässt:

Wissen alleine reicht nicht, um kompetent zu sein. Erst in dem Zusammenwirken der drei Bereiche zeigt sich Kompetenz. Die Bereiche Können, Wissen und Wollen entsprechen der Lernzieltaxonomie von Bloom, von der - leider - überwiegend nur die kognitive Lernzieltaxonomie bekannt ist. Daneben oder besser dazu gehören auch die affektive sowie die psychomotorische Lernzieltaxonomie. Blooms Taxonomie lässt sich in einem dreidimensionalen Koordinatensystem darstellen:

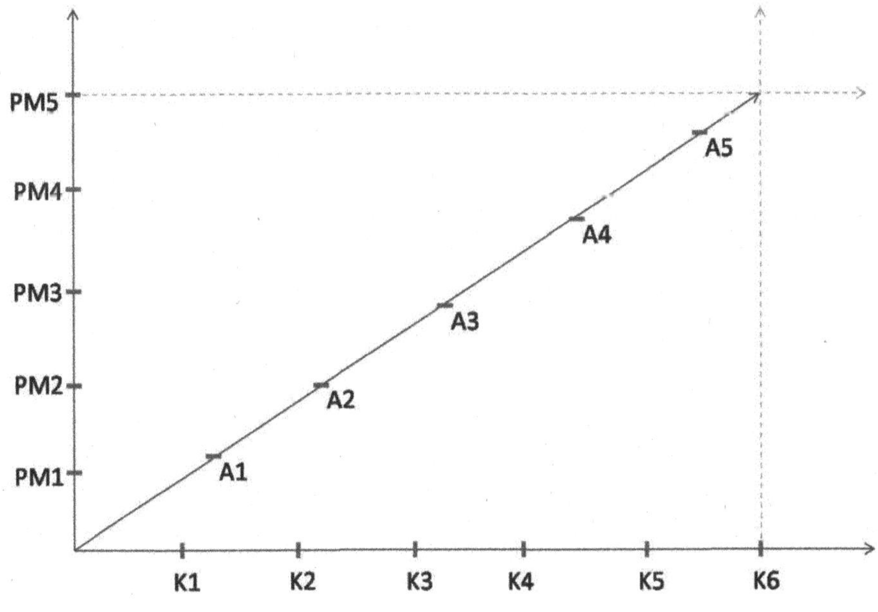

Die Taxonomie ist hierarchisch nach Schwierigkeitsgrad gegliedert, wobei jede Stufe auf die vorangegangenen Stufen aufbaut und sie beinhaltet. Sie ermöglicht somit, den Lehr-Lern-Prozess zu strukturieren.

Die <u>kognitive</u> Lernzieltaxonomie besteht aus sechs Stufen:

K1 - **Wissen** (von Fakten, Methoden, Theorien)
Beispiel: Die Lernenden nennen die Merkmale einer Textgattung.
K2 - **Verstehen** (von Zusammenhängen)
Beispiel: Die Lernenden geben die Kernaussagen eines Textes wieder.
K3 - **Anwenden** (des Wissens)
Beispiel: Die Lernenden wenden grammatische Proben an.
K4 - **Analysieren** (von Sachverhalten und Problemstellungen)
Beispiel: Die Lernenden untersuchen eine Argumentation hinsichtlich ihrer Logik und zeigen mögliche Irrtümer auf.
K5 - **Synthetisieren** (Kombinieren der bekannten Informationen zu einer neuen Einheit)
Beispiel: Die Lernenden ordnen ihre Gedanken und präsentieren sie in einem Text, Vortrag oder ähnlichem.
K6 - **Bewerten** (von Ergebnissen)
Beispiel: Die Lernenden beziehen kritisch Stellung zu Werken anderer.

Die <u>psychomotorische</u> Lernzieltaxonomie hingegen besteht aus fünf Stufen:
PM1 - **Imitation** (Nachahmen einer beobachtbaren Handlung)
Beispiel: Die Lernenden beobachten und ahmen Verhaltensweisen nach.
PM2 - **Manipulation** (Ausführen einer Handlung nach Anweisung)
Beispiel: Die Lernenden stellen Verhaltensweisen pantomimisch dar.
PM3 - **Präzision** (zunehmende Genauigkeit beim Ausführen und dabei unabhängig vom Modell werden)
Beispiel: Die Lernenden geben Verhaltensweisen mit Mimik, Gestik und sprachlichen Äußerungen wieder.
PM4 - **Handlungsgliederung** (Handlungen koordinieren und ihr harmonisches Zusammenwirken herstellen)
Beispiel: Die Lernenden stellen mehrere Verhaltensweisen mit Mimik, Gestik und sprachlichen Äußerungen in sinnvoller Reihenfolge dar.
PM5 - **Naturalisierung** (intuitiver und damit höchster Grad der Beherrschung der Handlungsfertigkeiten)
Beispiel: Die Lernenden stellen in verschiedenen Rollen Verhaltensweisen spontan dar.

Auch die <u>affektive</u> Lernzieltaxonomie setzt sich aus fünf Stufen zusammen:
A1 - **Aufmerksamkeit** (herstellen)
Beispiel: Die Lernenden betrachten den Titel eines Werkes.
A2 - **Reaktion** (Interesse finden, sich näher mit dem Thema zu beschäftigen)
Beispiel: Die Lernenden haben Interesse am Werk und wollen es lesen.
A3 - **Wertung** (emotionale Bewertung, die eigenen Gefühle und Empfindungen verbal und nonverbal zum Ausdruck bringen)
Beispiel: Die Lernenden nehmen zu dem Werk persönlich Stellung.
A4 - **Wertesystem** (hinter Äußerungen und Verhaltensweisen stehende Wertehaltungen ermitteln und in ein Wertesystem einordnen)
Beispiel: Die Lernenden erkennen und beschreiben die Absicht des Werkes.
A5 - **Verinnerlichung** (ein Wertesystem zu einer Thematik entwickeln, das eigene Handeln danach bewerten und entsprechend handeln)
Beispiel: Die Lernenden entscheiden sich für die Lektüre wert-*voller Werke.*

1.5 Die Lehr-Lern-Prozesse mit Hilfe der Lernzieltaxonomie(n) planen

Die Stufen der kognitiven Lernzieltaxonomie beschreiben Denkprozesse, die sich als sehr hilfreich für die Strukturierung der Lehr-Lern-Prozesse erweisen, weshalb ich sie auf der y-Achse angeordnet habe. Folgende **P**hasen des **L**ehr-**L**ern-**P**rozesses (L-L-P-P) lassen sich demnach unterscheiden, wobei die psychomotorischen und affektiven Lernziele jeweils stets mitzudenken sind, ohne dass ihre Stufen mit den Stufen der kognitiven Lernziele äquidistant sind:

L-L-P-P-1 (= K1 - Wissen): In dieser Phase geht es darum, dass die Lernenden sich neues Wissen aneignen. Dieses Wissen muss in irgendeiner Form präsentiert werden, die Aneignung kann selbstständig oder angeleitet erfolgen. Es handelt sich um Fakten, Ideen und/oder Informationen. Es können aber auch komplexere Sachverhalte sein, zum Beispiel das Wissen von Klassifikationen, Methoden oder Theorien und Strukturen.

☟

L-L-P-P-2 (= K2 - Verstehen): Nach der Präsentation des Wissens geht es um das Verstehen des neuen Wissens. Die Lernenden können mit eigenen Worten einen Sachverhalt erklären und demonstrieren, indem sie ihn zum Beispiel in eine andere Darstellungsform bringen. Sie verstehen die Zusammenhänge und können das neue Wissen reorganisieren.

☟

L-L-P-P-3 (= K3 - Anwenden): In dieser Phase wenden die Lernenden das neu erworbene Wissen in einem neuen, ihnen bis dahin unbekannten Kontext an, sie übertragen es also auf neue Situationen und Problemstellungen. Sie entspricht der klassischen Transferphase.

☟

L-L-P-P-4 (= K4 - Analysieren): In der Analyse geht es darum, Elemente, Beziehungen und ordnende Prinzipien zu analysieren, das heißt sie in ihre Bestandteile zu zerlegen, um die inneren Strukturen und Zusammenhänge erkennen zu können.

☟

L-L-P-P-5 (= K5 - Synthetisieren): Diese Phase ist die zentrale Phase des Lehr-Lern-Prozesses. Die Lernenden bearbeiten die Lernaufgabe, durch die sie gefordert sind, die verschiedenen Teile neu zu arrangieren oder zusammenzusetzen. Sie erstellen ein Lernprodukt und müssen dafür kreativ tätig werden, jedoch im Rahmen der vorgegebenen Aufgabe.

☟

L-L-P-P-6 (= K6 - Evaluieren): In dieser Phase beurteilen die Lernenden ihre eigenen Lernprodukte sowie die ihrer Mitschüler hinsichtlich ihrer inneren Struktur sowie anhand äußerer Kriterien. Darüber hinaus geht es auch um die Beurteilung des - eigenen - Lehr-Lern-Prozesses.

Die im Anhang vollständig befindliche Planungsmatrix ist eine Hilfe zur Planung der einzelnen Lehr-Lern-Prozess-Phasen einer Unterrichtseinheit.

Die Planung der Lehr-Lern-Prozess-Phasen erfolgt von ihrem Ende her, von den angestrebten Lehr-Lern-Ergebnissen (dem Kompetenzerwerb):

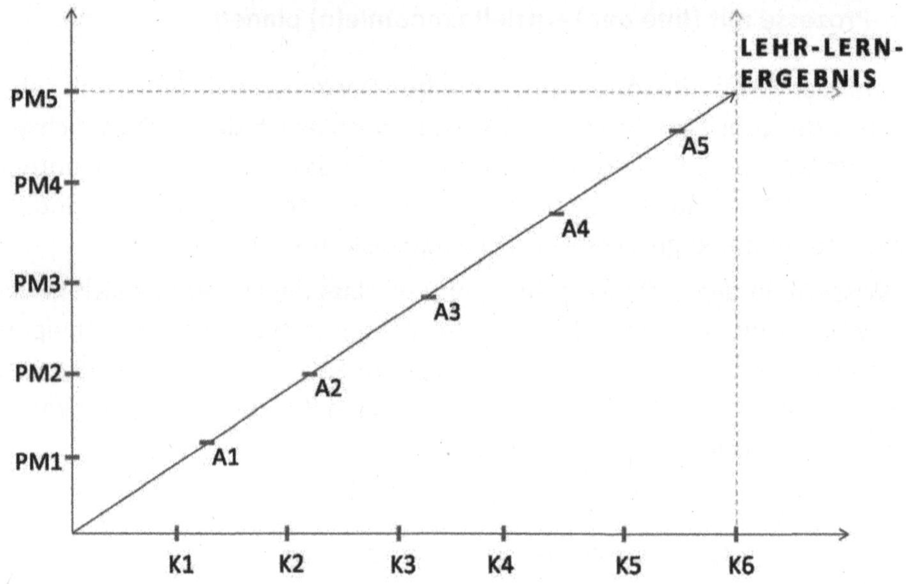

Ausgangspunkt aller Planungen ist die L-L-P-P-5. Um die dort gestellte Lernaufgabe erfolgreich bearbeiten zu können, müssen die dem Kompetenzbegriff zugrunde liegenden Bereiche Wissen, Können und Wollen ineinandergreifen. Deshalb ist der erste gedankliche Schritt, die Lernaufgabe und die zu erwerbenden Kompetenzen festzulegen. Lernaufgaben stellen die Lernenden vor eine Herausforderung, die sie nur durch die in den vorangegangenen Lehr-Lern-Prozess-Phasen erworbenen (Teil)Kompetenzen zu bewältigen vermögen. Der Planungsprozess einer Unterrichtseinheit lässt sich also wie folgt skizzieren:

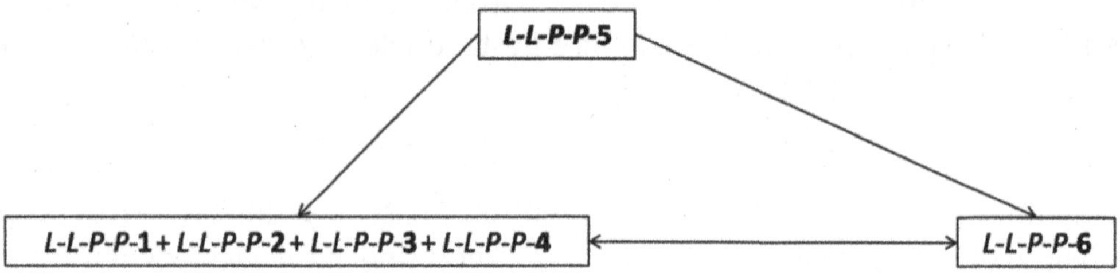

Die folgenden Fragen helfen bei der Planung der Lehr-Lern-Prozess-Phasen:

L-L-P-P-5:

- Was ist das Thema?
- Besitzt das Thema für die Lernenden eine Bedeutung?
- Ermöglicht das Thema eine kritische Auseinandersetzung?
- Lässt sich das Thema operationalisieren?
- Welche Kompetenzen sollen die Lernenden erwerben?
- In welche Teilkompetenzen lassen sie sich unterteilen?
- Über welche (Teil)Kompetenzen verfügen die Lernenden bereits?
- Welche Lernprodukte lassen sich mit Hilfe der Kompetenzen herstellen?
- Löst die Lernaufgabe anspruchsvolle Lernprozesse aus: kognitiv, affektiv, psychomotorisch?
- Wie soll das Lernprodukt erstellt werden?
- Welche Schwierigkeiten können auftreten?
- Wie können sie bewältigt werden?
- Wie soll das Lernprodukt präsentiert werden?
- Wie werden die Ergebnisse gesichert?

L-L-P-P-1 / L-L-P-P-2 / L-L-P-P-3 /L-L-P-P-4:

- Wie wird die Lernausgangslage (Vorwissen und Vorerfahrungen) zu Beginn der Unterrichtseinheit diagnostiziert?
- Wie können die Lernenden motiviert und aktiviert werden?
- Wie kann das Thema eingeführt werden?
- Wie wird die komplexe Lernaufgabe erklärt und Transparenz in Bezug auf die darauf aufbauende Unterrichtseinheit sowie die Gestaltung des Unterrichts hergestellt?
- Wie werden die Leistungskriterien transparent gemacht?
- Welches Lernmaterial eignet sich?
- Wie lässt sich das Lernmaterial in Einzelaufgaben und Übungen aufbereiten?
- Lässt das Lernmaterial selbstständiges und selbstorganisiertes Arbeiten zu?
- Ermöglicht es differenziertes Arbeiten?
- Werden Lernstrategien (neu) eingeführt und bewusst gemacht?
- Wie soll das generische Modell aussehen?
- Wie sind die Aufgaben und Arbeitsaufträge zu stellen beziehungsweise zu formulieren?
- Wie werden die Lernphasen organisiert?
- Welche Einzelarbeits- und Gruppenarbeitsprozesse soll es geben?
- Wie sollen sie gesteuert und begleitet werden?
- Wie werden Input- und Plenumsphasen eingebaut?

L-L-P-P-6:

- Wie werden die Lernprodukte beurteilt?
- Wie erkennen die Lernenden bei der Präsentation ihrer Mitschüler, dass sie die Lernaufgabe erfolgreich bearbeitet haben?
- Wie wird der Lernprozess sichtbar gemacht?
- Wie werden die Lernfortschritte bewusst gemacht?
- Wie kann der Lernzugewinn auf neue Aufgaben transferiert werden?

1.6 Die Lernlandschaft

Die Lehr-Lern-Prozess-Phasen können in einer Unterrichtsstunde komplett durchlaufen werden. Sie können sich aber ebenso gut über mehrere Stunden erstrecken. Das hängt ganz von den zu erwerbenden Kompetenzen ab. Da ich meine Unterrichtseinheiten in diesen Lehr-Lern-Prozess-Phasen geplant habe, umfassten sie bei mir stets mehrere Stunden und nahmen einen zeitlichen Umfang von drei bis sechs Wochen ein. Ich habe das Schuljahr in Blöcken von vier bis sechs Unterrichtseinheiten - je nach schulinternem Lehrplan - unterteilt und entsprechend geplant.

Mein Unterrichtsentwurf ist ein Phasen-Modell, das das Lehren und Lernen in Phasen unterteilt und von Unterrichtseinheiten, nicht von einzelnen Unterrichtsstunden ausgeht. Es ist folglich kein Modell zur Planung einer einzelnen Unterrichtsstunde. Der rote Faden für die Planung sind die kognitiven Lernziele, die die einzelnen Phasen markieren. Auch wenn diese aufeinander aufbauen, geben sie die Unterrichtsfolge nicht streng linear vor. Die durch die Lernaufgabe zu erwerbenden Kompetenzen werden in Teilkompetenzen untergliedert, die jeweils in den einzelnen Lehr-Lern-Phasen erworben werden. So kann zum Beispiel die Lernaufgabe im Fremdsprachenunterricht sein, dass ein Einkaufsgespräch simuliert werden soll.

Dafür benötigen die Schüler das entsprechende Vokabular sowie Wissen darüber, wie Mengenangaben gebildet werden. Zudem benötigen sie Lern- und Methodenstrategien für das Rollenspiel. Es ist sinnvoll, diese Teilkompetenzen jeweils getrennt zu erwerben durch die Lehr-Lern-Prozess-Phasen eins bis drei. In der vierten Phase werden die Teilkompetenzen zusammengefügt, um anschließend die Lernaufgabe bearbeiten zu können. Die Lerngruppe switcht also zwischen den Phasen.

Das Phasen-Modell bildet praktisch eine Lernlandschaft ab, in der sich die Lernenden frei bewegen:

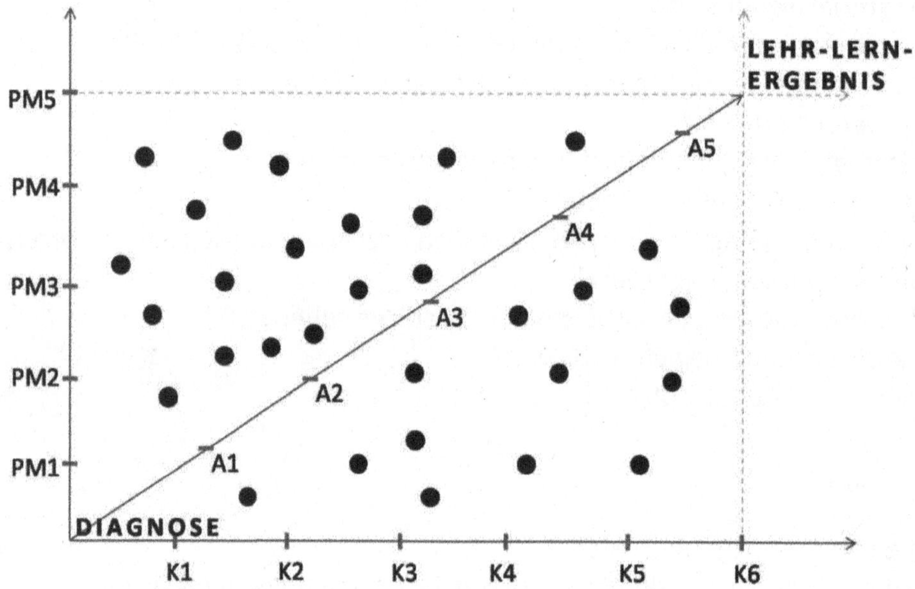

Am Anfang steht immer die Diagnose der Lernausgangslage. Davon ausgehend wird das weitere Vorgehen der Lernenden sehr unterschiedlich sein. Es wird auf der einen Seite Schüler geben, die die Lehr-Lern-Prozess-Phasen selbstständig und mit wenig oder gar keiner Unterstützung durchlaufen werden, während auf der anderen Seite Schüler genaue Vorgaben und eine detaillierte Anleitung sowie enge Begleitung und Unterstützung benötigen werden. Zwischen diesen beiden extremen Polen wird sich die Mehrheit der Schüler befinden. Sie werden und können gar nicht alle in den gleichen Phasen zur gleichen Zeit lernen. Auch werden nicht alle Schüler unbedingt die letzte Phase erreichen. Und natürlich werden die Lehr-Lern-Ergebnisse unterschiedlich sein.

Aufgabe der Lehrperson ist es, die Lehr-Lern-Phasen zu orchestrieren und die Lernlandschaft zu gestalten. Lehren und Lernen sind im Sinne von Helmke Angebot und Nutzung:

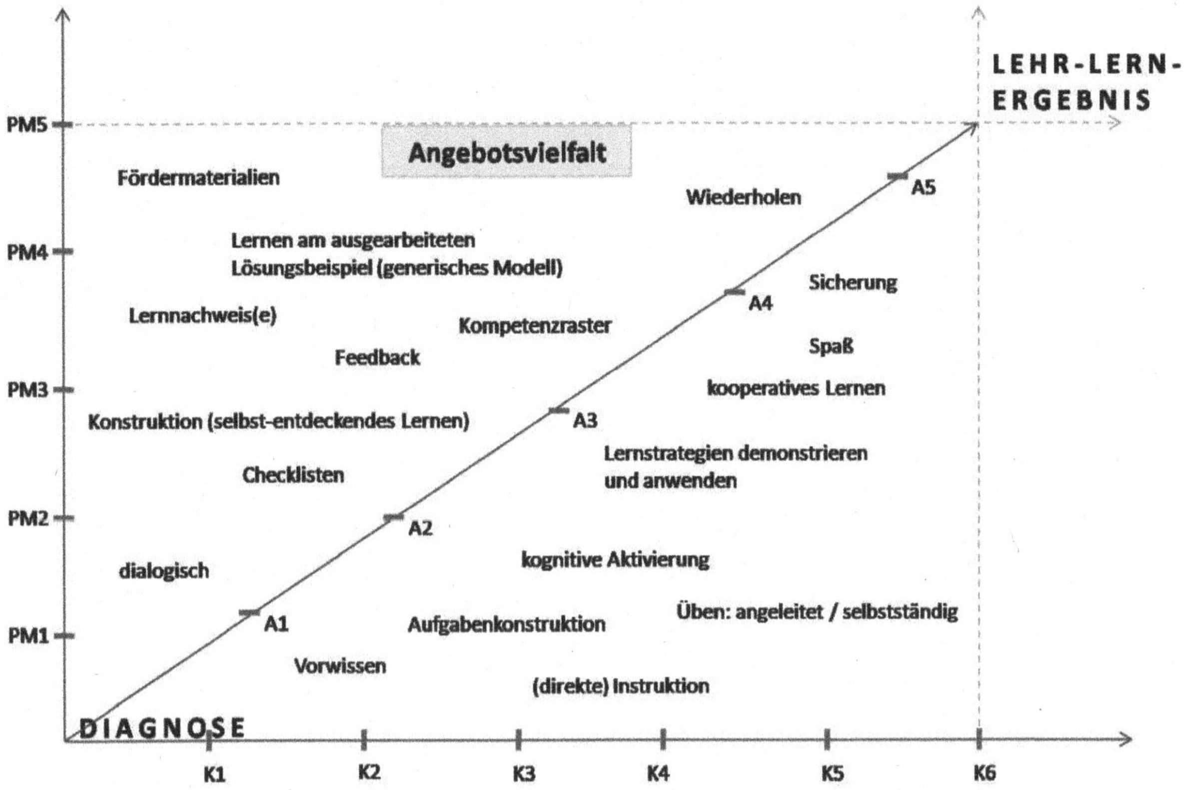

Die Lernlandschaft hält Angebote bereit, die die Schüler nutzen (können). Es geht dabei um Passung. Die in der Abbildung aufgezählten Elemente sind kein Katalog, den es abzuarbeiten gilt. Es sind sozusagen Unterrichtsstrategien, die sich als lernwirksam herausgestellt haben, empirisch und in der Fachliteratur belegt sind. Sie haben sich aber auch in der Praxis, in meinem Unterricht bewährt. Ihre Anordnung in der Lernlandschaft ist zufällig und entspricht keiner Reihenfolge oder Hierarchisierung. Es ist für jede Phase und jede einzelne Unterrichtsstunde zu entscheiden, wie sie gestaltet werden, welches Angebot den Lernenden gemacht werden kann:

Vorwissen: Lernen kann nur gelingen, wenn an Vorwissen angeknüpft werden kann. Ohne Vorwissen ist kein Lernen möglich. Wie kann ich also das Vorwissen der Lernenden (re)aktivieren?

Dialogisch: Dialogisches Lernen nach dem Dialogischen Lernkonzept von Ruf/Gallin meint in dem Dreischritt „Ich - Du - Wir" den Dialog zwischen Lehrperson und Lernenden.

(Direkte) Instruktion: Direkte Instruktion ist vor allem dann lernwirksam, wenn sie mit kooperativem Lernen verbunden wird. Das heißt, dass zum Beispiel eine Präsentation durch die Lehrkraft mit einem Beobachtungsauftrag oder einer Frage verknüpft wird. Die Schüler notieren in Einzelarbeit während der Instruktion ihre Beobachtungen oder die Antwort auf die gestellte Frauge. Nach der Präsentation tauschen sie sich mit ihrem Sitznachbarn aus. Anschließend werden ihre Ergebnisse im Plenum besprochen.

Eine andere Möglichkeit ist beispielsweise, nach einer Präsentation oder Erklärung die Schüler, die sie auf Anhieb verstanden und nachvollzogen haben und in der Lage sind, sie in eigenen Worten wiederzugeben, an weiterführenden Aufgaben arbeiten zu lassen, während für die anderen die Aspekte, die noch nicht verstanden wurden, noch einmal erklärt werden. Dies wird solange wiederholt, bis alle Schüler so weit sind, die weiteren Aufgaben zu bearbeiten.

Aufgabenkonstruktion: Kompetenzen können nur über Aufgaben erworben werden. Deshalb fällt ihnen im Lehr-Lern-Prozess die entscheidende Rolle zu. Ebenso wie es Lernzieltaxonomien gibt, gibt es auch Aufgabentaxonomien. Ich habe mich bei der Konstruktion von Aufgaben an dem Kategoriensystem von Maier/Bohl/Kleinknecht/Metz (Maier/Bohl/Kleinknecht/Metz 2014, S. 48) orientiert, das sieben Dimensionen in unterschiedlicher Ausprägung unterscheidet: Wissensart (Fakten, Prozeduren, Konzepte, Metakognition), Kognitiver Prozess (Reproduktion, naher Transfer, weiter Transfer, Problemlösen), Wissenseinheiten (wie viele Fakten, Prozeduren, Konzepte), Offenheit (definiert/konvergent, definiert/divergent, ungenau/ divergent), Lebensweltbezug (kein, konstruiert, authentisch, real), sprachlogische Komplexität (niedrig, mittel, hoch) und Repräsentationsformen (eine, Integration, Transformation). Eine Analyse der Aufgaben unter diesen Aspekten hilft, passgenaue Aufgaben für den Lehr-Lern-Prozess zu konstruieren, immer mit Blick auf die für die Lernaufgabe zu erwerbenden Kompetenzen.

Üben: Angeleitetes und selbstständiges Üben ist unerlässlich! Immer wieder! Üben und anwenden - ohne geht es nicht. Üben aber nicht nur als Drill, sondern intelligent verknüpft, regelmäßig, sinnvoll strukturiert und mit dem Ziel der zunehmenden Selbstständigkeit. Man kann davon ausgehen, dass die Lernenden 50 % der Zeit, die sie für das Verstehen benötigt haben, noch einmal zum Üben und Anwenden benötigen. Üben führt zum „Überlernen" und damit zur Automatisierung, so dass das Wissen im Idealfall spontan abgerufen werden kann.

Wiederholen: Für das Üben sind die Wiederholungsabstände und die Konzentration auf die Kernkompetenzen wichtig. Die Abstände werden zunehmend größer und die Anforderungen mit anderen Inhalten verknüpft.

Kognitive Aktivierung: In meiner Zeit als Moderatorin in der staatlichen Lehrerfortbildung habe ich die Erfahrung gemacht, dass Lehrer sich genauso wie Schüler einfach mal gerne „berieseln" lassen möchten. Einem Vortrag lauschen, einen interessierten Gesichtsausdruck aufsetzen und gedanklich ganz woanders sein. Kognitive Aktivierung ist anstrengend, weshalb die Lernenden schon einmal stöhnen, wenn es heißt: Einzelarbeit. Durch die zwingende Einzelarbeitsphase im kooperativen Lernen wird jeder Lernende kognitiv aktiviert, weshalb sie auf gar keinen Fall ausgelassen werden darf. Natürlich sollten auch die gestellten Aufgaben eine kognitive Herausforderung darstellen!

Lernstrategien demonstrieren und anwenden: Für ihr erfolgreiches Lernen brauchen die Lernenden die richtigen Strategien. Es ist sehr hilfreich, wenn die Lehrkraft die entsprechenden Lernstrategien demonstriert. Ihre Anwendung lässt sich sehr gut über die Lernspirale von Klippert üben.

Kooperatives Lernen: Die Lernwirksamkeit des kooperativen Lernens ist empirisch belegt. Es besteht aus dem Dreischritt Denken - Austauschen - Vorstellen. Ergeben sich im letzten Schritt Fragen oder Probleme, können diese an die Schüler zurückgegeben werden, die sie in dem genannten Dreischritt erneut bearbeiten. Die Lehrkraft kann aber auch korrigieren und ergänzen. Nur im Zusammenspiel entfalten die drei Schritte ihre Lernwirksamkeit. Der erste Schritt erfolgt in Einzelarbeit. Jeder Schüler soll zunächst einmal selbst über die Frage oder das Problem nachdenken und sich Notizen machen. Auch das ist wichtig, dass die Lernenden ihre Gedanken, Ideen oder Lösungen aufschreiben.

Es ist nicht schlimm, wenn das Blatt weiß bleiben sollte, was in den seltensten Fällen passiert. Im zweiten Schritt kommt es zum Austausch zwischen zwei Lernenden, möglicherweise auch zwischen bis zu vier Schülern. Mehr sollten es aber nicht sein, weil es dann ineffektiv wird. Die Lernenden verständigen sich über ihre Ergebnisse, ergänzen, korrigieren sich gegenseitig.

Im letzten Schritt geht es im Plenum um die Sicherung der Ergebnisse und die zusammenfassende Fokussierung durch die Lehrkraft. Ich habe meinen Unterricht immer in dem Dreischritt des kooperativen Lernens gestaltet und mich dabei gerne auch größerer Formen wie das Gruppenturnier, das Gruppenpuzzle oder das reziproke Lernen bedient.

Sicherung: Das freie Bewegen in der Lernlandschaft bedeutet nicht, dass der wichtige Punkt der Sicherung entfällt - im Gegenteil. Er ist von immenser Bedeutung. Die Verantwortung für die Sicherung trägt die Lehrkraft! Es sollte dabei zu einer hohen Beteiligung der Lernenden kommen. Und natürlich gibt es in der Lernlandschaft beziehungsweise in den einzelnen Lehr-Lern-Phasen nicht nur die Sicherung der Ergebnisse der Lernaufgabe, sondern ganz viele Zwischensicherungen. Jede Unterrichtsstunde enthält stets auch Zwischensicherungen! Die Lernenden müssen sich ihres Lernprozesses und ihrer Lernfortschritte in jeder Unterrichtsstunde vergewissern (können). Die Sicherung kann in unterschiedlichen Formen erfolgen, aber sie liegt am Ende in der Hand der Lehrkraft.

Spaß: Lehren und Lernen darf - auch - Spaß machen! Lernen gelingt am besten, wenn es mit positiven Emotionen verbunden ist. Und wenn eine Lernatmosphäre vorherrscht, die Fehler zulässt, wenn die Lernenden sich nicht in einer permanenten Leistungssituation befinden. Einfach mal machen und schauen, was passiert - wenn die Lernenden nach diesem Motto verfahren dürfen, bleiben Spaß und Motivation erhalten. Auch wenn ihre Ideen und Ansätze abwegig erscheinen, in die „falsche" Richtung gehen - es ist wichtig, dass die Lernenden experimentieren dürfen, ohne durch Kommentare oder schlechte Noten abgestraft zu werden, wenn sich ihr Weg als nicht zielführend erweist.

Fördermaterialien: Damit meine ich nicht spezielle Materialien für Kinder mit sonderpädagogischem Unterstützungsbedarf. Es handelt sich vielmehr um Materialien, die geeignet sind, eventuelle Lücken, die in der Unterrichtseinheit sichtbar werden, zu schließen. Das können zum Beispiel Teilkompetenzen aus früheren Einheiten sein, die in der aktuellen Einheit als beherrscht vorausgesetzt werden.

Lernen am ausgearbeiteten Lösungsbeispiel (generisches Modell): Es gibt Lernende, die lediglich das generische Modell benötigen, um die Lernaufgabe bearbeiten zu können. Ebenso gibt es Schüler, für die das generische Modell Voraussetzung für das Verstehen ist. Sie können den Weg Schritt für Schritt nachvollziehen und sind danach in der Lage, selbst ähnliche Aufgaben zu lösen. Es ist deshalb wichtig und für den Lernprozess zudem effizient, für alle Aufgaben exemplarisch ausgearbeitete Lösungsbeispiele vorliegen zu haben, so dass die Lernenden darauf zurückgreifen können, wenn sie den nächsten Schritt nicht selbstständig gehen können.

Lernnachweise: Während der Unterrichtseinheit, mindestens nach jeder Lehr-Lern-Prozess-Phase, müssen die Lernenden die Möglichkeit erhalten, einen Lernnachweis zu erbringen. So können sie ihren Lernfortschritt kontrollieren und die Lehrkraft sieht die Entwicklung ihres Lernprozesses und kann gegebenenfalls korrigierend oder helfend eingreifen. Ein Lernnachweis kombiniert „Was" (eine Handlung wie zum Beispiel erklären) und „Wie" (mit Hilfe eines Fluss-Diagramms) miteinander. Er dient gleichzeitig der Zwischensicherung.

Feedback: Eine Rückmeldung zu erhalten, ist für das Lernen sehr wichtig. Es gibt verschiedene Formen des Feedbacks. Die Lernenden können sich selbst Feedback geben, indem sie ihren Lernprozess reflektieren und auf dieser Grundlage neue Ziele oder Schritte formulieren.

Häufiger dürfte im Unterricht das Fremd-Feedback sein, bei dem die Lernenden eine Rückmeldung von anderen erhalten, vom Lehrer oder einem Mitschüler. Aber auch die Lehrkraft kann sich ein Feedback zu den Unterrichtsprozessen von ihren Schülern einholen, um diese lernwirksamer zu gestalten. Wichtig ist, dass die Rückmeldung eine positive Grundhaltung impliziert und sich am „Wie" (= Prozesse) und weniger am „Was" (= Produkt) orientiert. Sie soll zur Weiterarbeit motivieren, konkret und hilfreich sein. Nach Hattie sind vier Feedback-Ebenen zu unterscheiden: 1. die Ebene der Aufgabe, 2. die Ebene der Prozesse, 3. die Ebene der Selbstregulation und 4. die Ebene des Selbst. Die klassischen Feedback-Fragen sind: 1. Wohin will ich gehen? 2. Wie komme ich voran? und 3. Wohin geht es als Nächstes?

Kompetenzraster: Das Kompetenzraster gibt den Lernenden eine Übersicht der in der Unterrichtseinheit zu erwerbenden Kompetenzen und hilft ihnen, sich darin zu verorten und ihren Lernstand zu reflektieren. Gleichzeitig macht es die Leistungsanforderungen transparent. Zudem ist es eine Hilfe bei der Planung der Unterrichtseinheit, denn es zwingt die Lehrkraft, die zur Bewältigung der Lernaufgabe erforderlichen Kompetenzen und Teilkompetenzen zu definieren und sie auf unterschiedlichen Niveaustufen abzubilden. Im Kompetenzraster sind die Tätigkeiten zu beschreiben, die nachweisen, dass die Lernenden über die Kompetenz auf der entsprechenden Stufe verfügen. Die Sätze beginnen mit „Ich kann...". Auf der horizontalen Ebene befinden sich die Niveaustufen und auf der vertikalen Ebene die Teilkompetenzen.

Checklisten: Checklisten sind eine optionale Ergänzung zum Kompetenzraster. Sie enthalten die gleichen Formulierungen. Der Schüler kann sich selbst überprüfen, indem er die Aufgaben, die zu der jeweiligen Kompetenz und ihrer Niveaustufe in der Checkliste angegeben sind, bearbeitet. Somit können die Lernenden und ihre Lehrkraft den jeweiligen Lernstand feststellen. Die Aufgaben können auch die Lernnachweise sein, mit denen die Lernenden ihren Lernfortschritt dokumentieren. Je nachdem, wie das Kompetenzraster gestaltet wird und wie übersichtlich es ist, können die Aufgaben zu den Kompetenzen und den einzelnen Niveaustufen auch direkt im Kompetenzraster selbst vermerkt werden.

Konstruktion (selbst-entdeckendes Lernen): Selbstentdeckendes Lernen bedeutet nicht, dass die Lernenden sich selbst überlassen werden. Es wird erst dann lernwirksam, wenn die Lernenden dazu angeleitet werden, selbst Erklärungsansätze zu bilden. Exemplarisch ausgearbeitete Lösungsbeispiele mit Kommentierungen im Selbststudium zu bearbeiten, ist eine sehr gute und effektive - angeleitete - Alternative zu dem Gegensatzpaar von Konstruktion und Instruktion. Besonders lernwirksam wird sie, wenn nach und nach nur noch Teillösungen angeboten und am Ende gar keine Hilfen mehr gegeben werden, sondern nur noch die Lösung genannt wird. Je intelligenter die Lernenden sind und je mehr sie über Vorwissen und die nötigen Kompetenzen verfügen, desto weniger Anleitung benötigen sie.

1.7 Der Lernweg

Wie der Lernende die Angebote nutzt, hält er in einer Art „Fahrtenbuch" fest, also in einem Lerntagebuch, Lernlogbuch oder wie auch immer man die Protokollierung des Lernprozesses der Schüler nennen möchte. Dies ist sehr wichtig und dem Eintrag in das Fahrtenbuch ist genügend Zeit pro Stunde einzuräumen. Der Lernende strukturiert seinen Lernprozess und Sie als Lehrkraft können ihn dadurch nachvollziehen. Sie erkennen, was dem Schüler gut gelingt und wo es Schwierigkeiten gibt. Sie können auch mögliche Denkfehler erkennen und im gemeinsamen Gespräch mit dem Schüler herausfinden, warum es vielleicht an einer Stelle nicht weitergeht. Das Fahrtenbuch ist eine gute Grundlage, um darüber ins Gespräch zu kommen. Im Anhang finden Sie eine Sammlung von hilfreichen Impulsfragen.

Wie sieht das Fahrtenbuch nun aus? Ich habe zwei Vorlagen benutzt (siehe Anhang). Die eine Vorlage bezieht sich auf die Lernaufgabe und die andere auf die einzelne Stunde. Die Vorlage für die Lernaufgabe folgt dem Feedback-Modell von Hattie und Timperley und kommt mit dem Stellen der Lernaufgabe zu Beginn der Unterrichtseinheit zum Einsatz. Sie strukturiert sie sozusagen. Nach jeder Lehr-Lern-Phase wird sie wieder genommen, überprüft und entsprechend angepasst. Der Reflexionsbogen für die jeweiligen Einzelstunden wird am Ende beziehungsweise zu Beginn einer jeden Stunde zur Hand genommen. Die Schüler tragen hier ein, an welchen Kompetenzen sie gearbeitet haben, welche Aufgaben sie bearbeitet haben und ob sie Schwierigkeiten hatten oder was ihnen leicht gefallen ist. So protokollieren sie ihren Lernweg durch die Lernlandschaft und Sie können ihn nachvollziehen. Zu Beginn der nächsten Stunde werfen die Lernenden einen Blick auf ihren letzten Reflexionsbogen, um in der Stunde daran anknüpfen zu können. Es empfiehlt sich, mit Kopien zu arbeiten und das Fahrtenbuch als Hefter zu gestalten. Die Lernenden müssen in das Führen ihres Fahrtenbuches eingewiesen werden und benötigen - zumindest anfangs - eine enge Begleitung. Es ist sinnvoll, die Stunden mit dem Herausholen der Fahrtenbücher zu beginnen und den Schülern hilfreich zur Seite zu stehen. Sie können auch ganz konkret vorgeben, was in der Stunde anstehen wird. Es wird Schüler geben, mit denen Sie jede Stunde gemeinsam das Fahrtenbuch bearbeiten müssen, und Schüler, die diese Begleitung nicht benötigen. Sie werden mit der Zeit herausfinden, wer wie viel Unterstützung benötigt, wo sie hilfreich und wo sie sogar hinderlich ist.

1.8 Die Passung von Lehren und Lernen

Etwa fünfzehn bis zwanzig Prozent eines Jahrgangs sind überdurchschnittlich intelligent und drei Prozent hochbegabt. Diese Kinder finden in der Unterrichtsplanung und -gestaltung zu wenig Berücksichtigung. Aber ebenso wie Schüler erkranken, die überfordert werden, werden auch Lernende, die unterfordert sind, krank. Ein häufiges Vorurteil, das diese Kinder von Lehrern hören, ist: „Wenn du wirklich so intelligent wärst, müsste sich das in deinen Noten zeigen." Es sind die schulischen und unterrichtlichen Rahmenbedingungen, die dies verhindern! Die verhindern, dass etwa dreißig Prozent der hochbegabten Kinder nicht die Leistungen erbringen können, die ihrem Potenzial entsprechen würden, und die unter anderem dazu führen, dass fünfzig Prozent von ihnen emotionale Probleme haben. Aufgabe von Schule ist es, den (hoch)begabten Schülern entsprechende - außerunterrichtliche und außerschulische - Angebote zu machen. Aber es ist ebenso Auftrag aller Lehrenden, die Bedürfnisse der (hoch)begabten Lernenden in ihrem alltäglichen Unterricht zu berücksichtigen. Ich habe dies über den Ansatz des Enrichments gemacht:

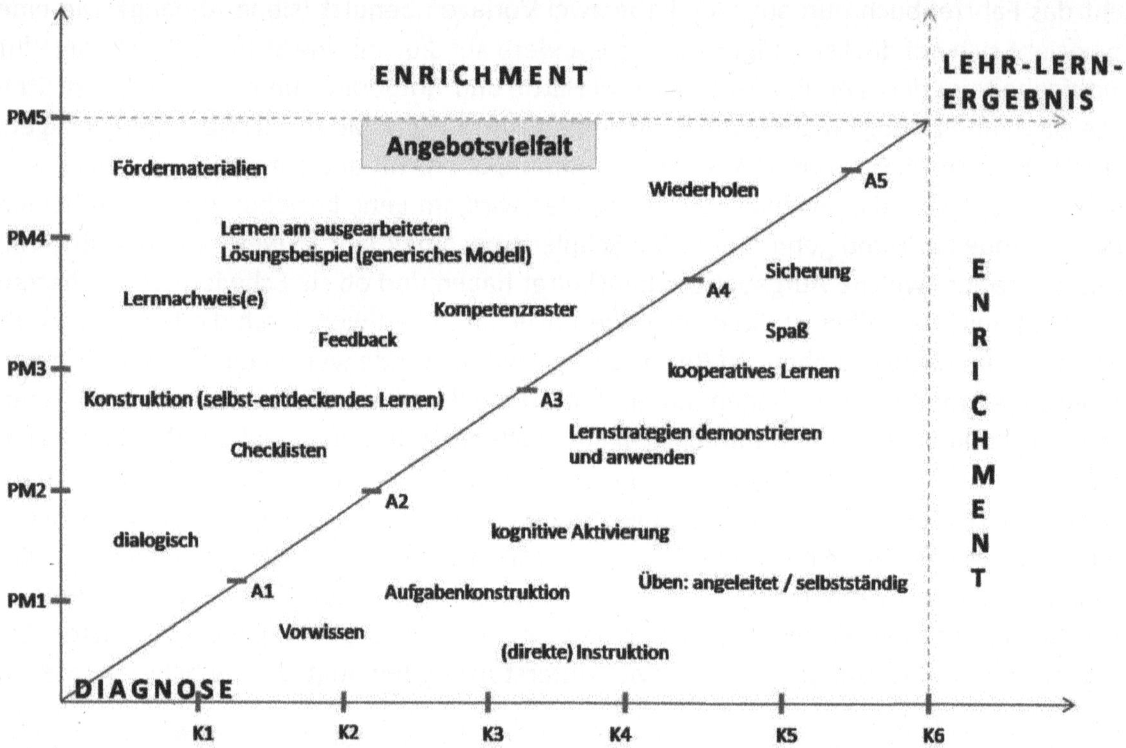

Enrichment bedeutet Anreicherung durch Vertiefung und Inhalte, die außerhalb der durch die Lernaufgabe abgesteckten Unterrichtseinheit liegen. Die Schüler stellten Fragen, die über den „Unterrichtsstoff" hinausgingen. Ich gab ihnen die Freiheit, diesen nachzugehen und ihren Arbeitsprozess dabei selbst zu bestimmen. Meine Aufgabe bestand darin, sie in ihrem Forschungs- und Entdeckerdrang zu unterstützen, ihnen den Zugang zu den Quellen zu ermöglichen, ihnen bei Schwierigkeiten Mut zu machen und ihnen die methodischen Fähigkeiten, die sie benötigten, zu vermitteln. Dieser Ansatz geht auf Renzullis-Enrichment-Programm aus den 1970-er Jahren zurück, besitzt aber nach wie vor Gültigkeit für die Begabtenförderung. Haben Sie den Mut, Ihren Schülern etwas zuzutrauen und sie machen zu lassen, wenn sie weiterforschen und sich intensiver mit dem Thema auseinandersetzen wollen.

Unterricht bedeutet im Grunde nichts anderes als die Passung von Lehren und Lernen und gilt natürlich für alle Schüler. Die individuelle Passung erfolgt über adaptive Hilfen:

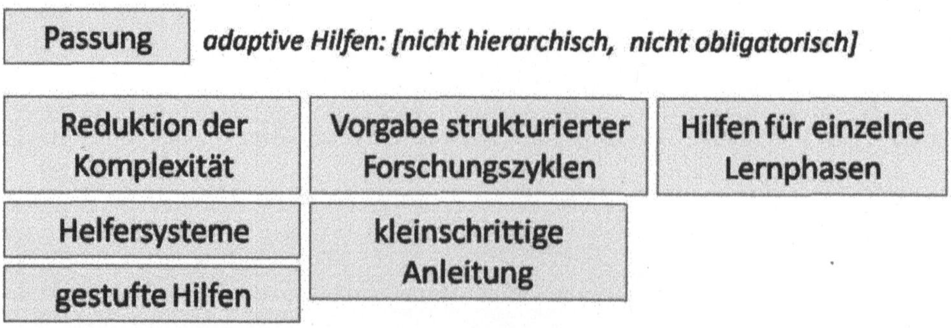

Adaptiv heißt, dass die Hilfen dort benutzt werden, wo sie benötigt werden und den Bedürfnissen des Lernenden entsprechend angepasst werden. Die oben genannten Hilfen waren die, derer ich mich bedient habe. Sicherlich kennen Sie noch viele andere und wenden sie lernwirksam an. Es gibt keine Vorgaben oder nur den einen Weg. Es muss in jeder Situation einzeln und neu entschieden werden. Das ist unterrichtlicher Alltag eines jeden Lehrers immer schon gewesen. Bei der Planung der Unterrichtseinheit habe ich eine kleinschrittige Anleitung parallel mitgedacht. Das half mir, mögliche Fallstricke und Stolpersteine auszumachen. Schülern mit Lernschwierigkeiten oder (noch) unselbstständigen Schülern war diese Anleitung eine große Hilfe. Die gestuften Hilfen sind ein System aus den Naturwissenschaften, das sich auch sehr gut auf die geisteswissenschaftlichen Fächer übertragen lässt. Am Anfang empfand ich es als etwas mühsam, sie herzustellen, aber mit zunehmender Übung konnte ich sie immer besser handhaben. Ich erstellte sie vor allem für die Bearbeitung der Lernaufgabe. Sie enthielten inhaltliche wie lernstrategische Hinweise und bestanden aus fünf Stufen: 1. Paraphrasierung (= Wiedergabe der Lernaufgabe in eigenen Worten: Was muss gemacht werden? und Herausfiltern der in der Lernaufgabe enthaltenen Teilaufgaben), 2. Fokussierung (= Bereitstellung wichtiger Informationen, Analogbeispiele, Lösungsansätze), 3. Visualisierung (= Zusammenfassung der Informationen durch Visualisierungsformen wie Wortstern, Mindmap, Flussdiagramm, Zeitleiste, Fischgräten-Diagramm und ähnliches), 4. weiterer Informationsinput (= Bereitstellung zusätzlicher Informationen) und 5. Verifikation (= Lösungsangebote in Form einer Checkliste, die die zur Bearbeitung der Lernaufgabe notwendigen Schritte auflistet sowie ihre Anforderungen, sie dient damit gleichzeitig als Diskussionspapier für die Besprechung der Lernprodukte). Helfersysteme sind in der Lerngruppe installierte Systeme der gegenseitigen Unterstützung durch die Lernenden selbst. So können zum Beispiel Experten für bestimmte Bereiche von ihren Mitschülern angesprochen und um Hilfe gebeten werden. Damit die Experten selbst aber auch noch in Ruhe lernen können, ist es wichtig, ein System zu installieren, das ihnen Ruhephasen einräumt. Ich habe dies über grün-rot angemalte Toilettenpapierrollen gemacht. Wenn die grüne Seite nach oben zeigte, bedeutete dies, dass der Schüler angesprochen werden darf. Zeigte die rote Seite nach oben signalisierte er, dass er nicht gestört werden wollte. Außerdem habe ich mit den Schülern erarbeitet, wie Hilfe durch die Experten aussehen kann. Sie bedeutet ja nicht, dass der Experte einfach die Lösung vorgibt. Vielmehr geht es um Hilfe zur Selbsthilfe. Der Hilfe Suchende musste also schon genau formulieren, worin seine Schwierigkeit bestand. Auch dabei halfen die Experten.

1.9 Die störungs- und konfliktfreie Zone des Lehrens und Lernens

Voraussetzung für die beschriebenen Lehr-Lern-Prozesse sind eine gute Klassenführung und ein effizientes Klassenmanagement. Das bedeutet Struktur, Struktur, Struktur! Die Stunden selbst müssen klar strukturiert, Verfahrensabläufe eingeübt sein. Auch eine strukturierte Sitzordnung gehört dazu, die Lehrkraft muss die Schüler an ihren Plätzen leicht erreichen können. Und natürlich muss auch die Lernumgebung strukturiert und geordnet sein. Die Materialien haben einen festen Platz im Klassenraum und die Wände sind nicht mit unzähligen bunten Plakaten aus den letzten Jahren zugeklebt. Je strukturierter der Klassenraum ist, desto besser können sich sowohl die Lernenden als auch die Lehrkraft auf den Lehr-Lern-Prozess konzentrieren und werden nicht abgelenkt. Die Strukturen und Rituale müssen allerdings eingeübt werden. Das braucht Zeit. Geben Sie nicht sofort auf, wenn es nicht auf Anhieb funktioniert. Entscheidend ist ferner, dass Sie Ihre Verhaltenserwartungen klar und eindeutig kommunizieren. Scheuen Sie nicht davor zurück, das erwartete Verhalten selbst vorzuführen. Und fordern Sie Ihre Schüler immer wieder dazu auf, solange, bis sie das Verhalten zeigen.

An meiner Schule galt das Ruhezeichen. Ich habe also das Ruhezeichen gemacht und gesagt: „Wir machen jetzt das Ruhezeichen. Alle werden ruhig und schauen nach vorne." Dies habe ich immer wieder gesagt. Zwischendurch habe ich die Schüler gelobt, die das Ruhezeichen bereits machten: „Peter und Sabine machen schon das Ruhezeichen, sind ruhig und schauen nach vorne. Super. Ich möchte, dass alle das Ruhezeichen machen, ruhig werden und nach vorne schauen." Das wirkte, auch in den Pubertätsklassen. Auch die anderen Schüler wollten gelobt werden, selbst die coolsten Helden. Oder ich sagte: „Siebzig Prozent von euch machen bereits das Ruhezeichen, sind ruhig und schauen nach vorne. Ich möchte aber einhundert Prozent." Auch das wiederholte ich. Nebenbei konnten dabei auch so manche mathematischen Probleme gelöst werden. Ich habe die Erfahrung gemacht, dass es effektiver ist, das gewünschte Verhalten zu formulieren und immer wieder ruhig einzufordern, ohne dabei laut zu werden, als die Schüler, die dieses Verhalten nicht zeigten, zu kritisieren, zu ermahnen, zu belehren, zu kommandieren und so weiter. Unterstützend wirkt vor allem, das gewünschte Verhalten, wenn es gezeigt wird, auch immer wieder lobend hervorzuheben. Eine aufmerksame Beobachtung des Klassengeschehens und ein Präsent-Sein der Lehrkraft sind Voraussetzung dafür.

Klassenführung und -management stecken den Rahmen ab für die Zone des störungs- und konfliktfreien Lehrens und Lernens in der Lernlandschaft:

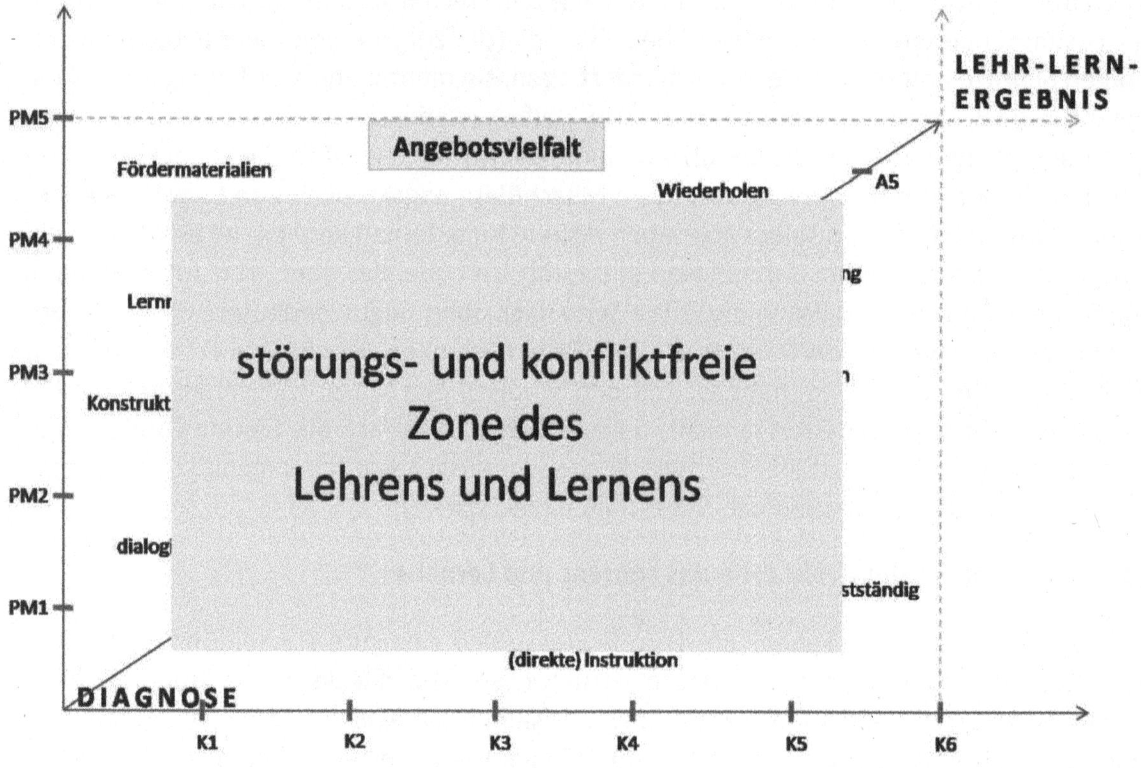

Je größer die Zone ist, desto effektiver ist der Lehr-Lern-Prozess. Nun gehören aber Störungen und Konflikte zum Schulalltag dazu, sie treten überall dort auf, wo Menschen mit unterschiedlichen Bedürfnissen aufeinandertreffen. Deshalb ist es unrealistisch, dass diese Zone einhundert Prozent umfassen wird. Je kleiner sie allerdings wird und je größer die Störungen und Konflikte werden, desto geringer ist effektives Lehren und Lernen möglich. Deshalb ist es unabdingbar, den Störungen und Konflikten auf den Grund zu gehen.

Wenn ein Lernender in seinem familiären Umfeld Probleme hat, weil er zum Beispiel stark in familiäre Aufgaben eingebunden ist und vor dem Unterricht seinen Bruder in den Kindergarten bringen muss oder nachts auf seine Geschwister aufpassen muss, weil die Eltern in Nachtschicht arbeiten, wird sich das wahrscheinlich auf sein Verhalten in der Schule auswirken. Nehmen wir einmal an, dass der Schüler, um wach zu bleiben, viele Energy-Drinks trinkt und dadurch im Unterricht aufgedreht ist, viel redet, sich nicht konzentrieren kann und auch seine Mitschüler stört. Für die Lehrkraft ist es hilfreich, dies herauszufinden, um zu erkennen, dass das Problem bei dem Schüler liegt und dass es in der Schule nicht zu lösen ist. Er kann dann mit dem Schüler zusammen überlegen, wie die Situation für den Schüler in der Schule besser wird und er die nötige Konzentration zum Lernen findet. Das wirksamste Instrument der Lehrkraft ist dabei das Zuhören. Sie kann das Problem nicht für den Schüler lösen, aber sie kann ihm zuhören und ihm dadurch helfen, selbst eine Lösung zu finden. Diesem Gespräch geht ein anderer Schritt voraus, nämlich dass die Lehrkraft dem Schüler in einer Ich-Botschaft verdeutlicht, dass dessen Verhalten sein Bedürfnis nach störungsfreiem Lehren verhindert. Sie ermahnt ihn also nicht oder droht mit disziplinarischen Strafen, sondern macht deutlich, dass sie sich gestört fühlt, und lässt die Verantwortung für das Verhalten dort, wo sie liegt: beim Schüler. Durch die Ich-Botschaft fühlt sich der Schüler nicht angegriffen oder herabgesetzt und sie versetzt ihn nicht in den Abwehrmodus, der sich häufig in patzigen Antworten oder rebellischem Verhalten äußert. In dem sich entwickelnden Gespräch hört die Lehrkraft schließlich genau zu, um das hinter dem Stören liegende Problem zu erkennen. Durch dieses Vorgehen lassen sich ganz viele Konflikte und Störungen lösen, so dass die Zone des störungs- und konfliktfreien Lehrens und Lernens groß bleibt. Ein Schulalltag ist stressig, sowohl für Lernende wie auch für Lehrende und wir verfallen ganz schnell in den Modus, inakzeptables Verhalten von Schülern als Du-Botschaft - Immer musst du diese Geräusche machen! Du bist doch kein Baby mehr! - zu formulieren und ihnen vorzuwerfen und eine Änderung ihres Verhaltens zu verlangen und durch Drohungen zu erzwingen. Wenn es gelingt, Ich-Botschaften zu verwenden und zuzuhören, wird das Lehren und Lernen für alle Beteiligten besser. Die Verantwortung dafür liegt in der Hand der Lehrkräfte, die zudem in der Kommunikation und Konfliktbewältigung Vorbilder für ihre Schüler sind, ob sie wollen oder nicht.

In der Regel verbringen bis zu dreißig und oft genug leider auch mehr Schüler mindestens den Vormittag in einer Klasse zusammen. Sie sind durch die räumliche Enge zahlreichen Reizen ausgesetzt, denen sie selten entkommen können. Es ist nahezu unmöglich, dass die Lernenden die ganze Schulzeit über hoch konzentriert und still lernen (können). Denn die Reize auszublenden oder zu ignorieren, kostet Energie. Energie, die für den Lernprozess fehlt. Neigt sich der Energiehaushalt eines Menschen dem Ende zu, wird er unleidlich, er möchte den Reizen, die er nicht mehr ertragen kann, entfliehen. Er braucht Zeit für sich alleine. Das ist auch bei Kindern so. Darum ist es wichtig, die Lehr-Lern-Zeit zu unterteilen, um genau dies zu verhindern. Ruhe und Alleinsein sind ebenso ein menschliches Bedürfnis wie das nach Gemeinschaft und Zusammenarbeiten. Die Lehr-Lern-Zeiten sollten sich also in Phasen unterteilen: Phasen der Einzelarbeit und Ruhe, in denen jeder Schüler für sich alleine arbeitet, Phasen der Zusammenarbeit mit anderen (maximal zu viert) sowie auch Phasen im Plenum. Bei der Gestaltung der Zeiten ist auch auf den Bewegungsdrang der Schüler einzugehen. Lernen mit und durch Bewegung ist effektiv und löst viele Anspannungen. Wann und ob eine Reizüberflutung bei einem Kind eintritt, ist sehr unterschiedlich, genauso wie der Energieverbrauch sehr individuell ist. Gut ist, wenn dem Bedürfnis nach einer erholsamen Auszeit durch gemeinsame Absprachen entgegengekommen werden kann, gerade an Ganztagsschulen.

Dies kann ein vereinbartes Zeichen sein, mit dem ein Schüler der Lehrkraft signalisiert, dass er sich für etwa fünf Minuten gedanklich ausklinkt, die Möglichkeit, den Klassenraum für fünf Minuten verlassen zu dürfen, eine Ruhe-Insel im Klassenraum oder anderes. Den Akku wieder aufzuladen kann auch über feste Trinkpausen oder Entspannung durch Atemübungen (siehe Anhang) erreicht werden. So individuell wie die Menschen sind, so vielfältig sind auch die Möglichkeiten. Die Lehrenden und Lernenden werden zusammen gute Absprachen finden.

1.10 Das Beziehungsangebot

Der entscheidende Punkt für eine möglichst große störungs- und konfliktfreie Zone des Lehrens und Lernens und damit Voraussetzung für einen gelingenden Lehr-Lern-Prozess - egal, wie er gestaltet wird -, ist eine gute Beziehung zwischen Lehrkraft und Lernenden. Lehren bedeutet nicht automatisch und zwangsläufig Lernen. Es braucht eine tragfähige Brücke zwischen Lehren und Lernen, die von beiden Seiten begangen werden kann. Diese Brücke ist eine persönliche Beziehung zwischen Lehrenden und Lernenden:

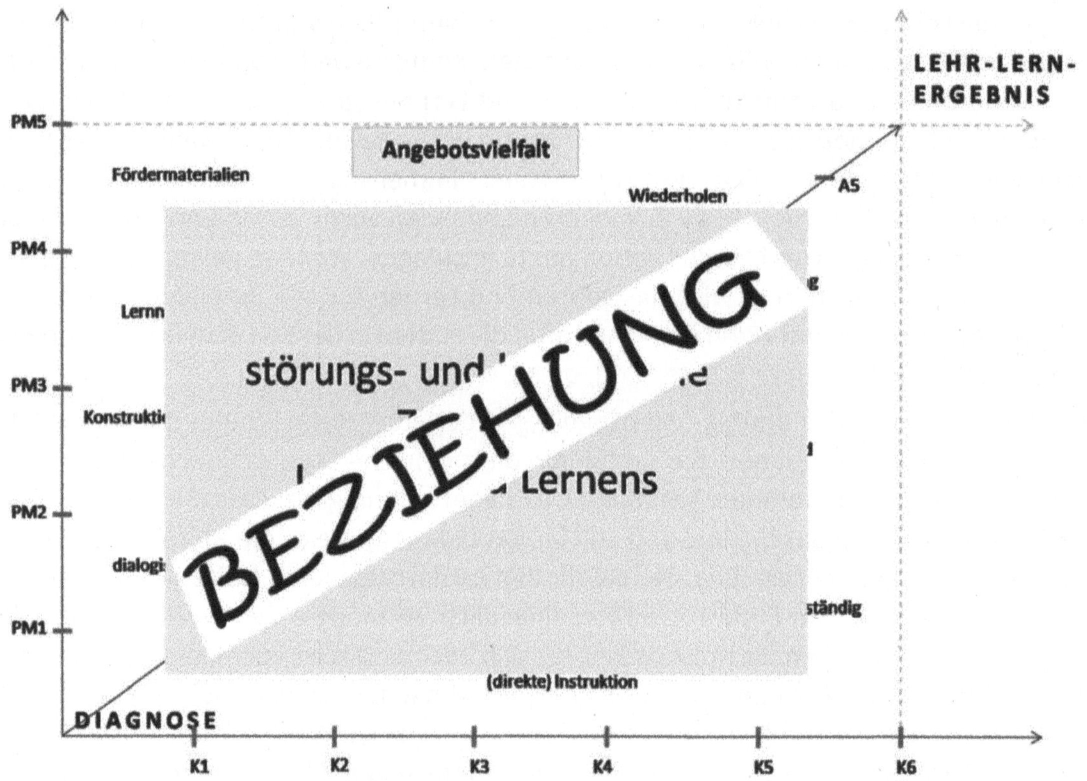

Beziehung ist keine Einbahnstraße und bedarf einer gelingenden Kommunikation. Das beliebte pädagogische Spiel von Strafen und Belohnen funktioniert weniger gut und führt nicht dazu, dass die Lernenden Verantwortungsbewusstsein lernen. Allzu oft wird in Schulen versucht, Kinder, die irgendwie anders, unangepasst sind, zu normieren. Sie werden durch die oben genannten Spielregeln passend gemacht, so dass sie dem erwarteten Sozial-, Arbeits- und Lernverhalten entsprechen. Wer sich nicht als anpassungsfähig erweist, wird zeitweilig vom Unterricht ausgeschlossen, in eine andere Lerngruppe versetzt oder am Ende aller durchgeführten Maßnahmen schließlich von der Schule verwiesen. Dies ist ein pädagogisches Armutszeugnis.

Es kann und darf nicht sein, dass Schulen sich durch diese Maßnahmen ihrer Verantwortung entziehen. Hier werden Schüler nicht gehört, verstanden und akzeptiert! Hier fehlt es an Anerkennung, offener und ehrlicher Kommunikation, Wärme und Anteilnahme!

Lehrkräfte unterscheiden sich durch ihre annehmende oder nicht annehmende Haltung ihren Schülern gegenüber. Annehmende Lehrende begegnen anderem Verhalten toleranter und können individuelle und sich von ihren eigenen Ansichten unterscheidende Überzeugungen ihrer Schüler akzeptieren, also annehmen, während nicht annehmende Lehrende ihnen ihr eigenes Weltbild aufzwingen und dem abweichenden Verhalten der Lernenden sehr kritisch gegenüberstehen.

Um als Lehrender eine gute Beziehung zu den Lernenden aufzubauen, lohnt es sich, einen Blick auf die Grundhaltungen und Überzeugungen von Carl Rogers in seiner personenzentrierten Gesprächstherapie zu werfen. Er selbst hat die von ihm für eine erfolgreiche Therapie ausgemachten Bedingungen auf das Erziehungswesen übertragen und in seiner Nachfolge viele Nachahmer gefunden. Es ist sicherlich kein Zufall, dass die Lernzieltaxonomie von Bloom, das Enrichment-Modell von Renzulli und die personenzentrierte Gesprächsführung von Rogers aus der gleichen Zeit stammen, genauso wenig wie es ein Zufall ist, dass mich ausgerechnet diese drei Ansätze überzeugt haben und ich sie zusammengefügt und in meinem Unterricht zu leben versucht habe. Sie weisen einen Weg, wie den plakativen Forderungen nach individueller Forderung und Förderung, nach Potenzialentwicklung und Begabtenförderung und all den vielen anderen, die sich in den Hochglanzprospekten, Schulprogrammen und Schulgesetzen wiederfinden, nachgekommen werden kann.

Nach Rogers sind es die drei Elemente Kongruenz, Empathie und die bedingungslos positive Zuwendung, die als Grundhaltung des Lehrenden Voraussetzung für eine gelingende Beziehung zwischen Lehrer und Schüler sind. Kongruenz bedeutet, dass Sie als Lehrende sich so geben, wie Sie sind. Schüler spüren sofort, wenn Sie eine Rolle spielen, wenn Sie nicht echt sind, wenn Ihre Äußerungen und Ihr Verhalten nicht kongruent sind. Echt können Sie aber nur sein, wenn Sie sich Ihrer eigenen Einstellungen und Haltungen bewusst sind und Ihre eigenen Gefühle akzeptieren. Das ist gar nicht so einfach, wie es sich vielleicht auf den ersten Blick anhört. Die eigenen Gefühle zuzulassen, sie zu erkennen und sie zu akzeptieren, auch wenn es Gefühle sind, die ich vielleicht ablehne, ist eine Herausforderung. Dadurch aber erst werden wir zu Menschen, die auch für unsere Schüler greifbar werden. Unsere eigenen Gefühle zu akzeptieren ermöglicht uns ferner, die Gefühle unserer Schüler, die anders sein können, ebenfalls zu akzeptieren. Wir müssen ihnen nicht unsere Gefühle und Wertevorstellung aufzwingen. Wir können aushalten, dass wir unterschiedliche Auffassungen haben. Wir gestehen den Schülern zu, anders wahrzunehmen und anders zu fühlen. Kongruenz zeigt sich auch in dem Angebot, das ich meinen Schülern mache. Wenn ich zum Beispiel Methoden verwende oder Prinzipien folge, hinter denen ich gar nicht stehe, merken dies die Lernenden und es verwirrt sie. So habe ich als Schulleiterin einmal bei einer Lehrerin hospitiert, die entgegen ihrer Überzeugung das Think-Pair-Share-Verfahren einsetzte und dies offensichtlich zum ersten Mal. Die Schüler waren damit nicht vertraut und hatten entsprechend viele Nachfragen. Die Lehrerin wurde zusehends nervöser und schrie ihre Schüler schließlich an und warf ihnen Begriffsstutzigkeit und Dummheit vor. Mich kostete es enorme Anstrengung, die Stunde durchzuhalten und nicht die unmögliche Situation zu verlassen. Die Lehrkraft hatte den Ansatz gewählt, weil sie wusste, dass ich eine überzeugte Verfechterin des kooperativen Lernens war. Nur war sie in ihrem Verhalten dadurch nicht kongruent. Und sie zeigte keinerlei Empathie ihren Schülern gegenüber - was ihr generell sehr schwer fiel.

Empathie impliziert einfühlendes Verstehen, ein nicht wertendes Eingehen auf unser Gegenüber. Das bedeutet, dass ich als Lehrender beispielsweise die Ängste oder Bedenken meiner Schüler nicht mit einer ironischen Bemerkung beiseiteschiebe oder sie bagatellisiere oder die Schüler gar bloßstelle. Ich versuche vielmehr, mich in sie einzufühlen, um sie zu verstehen, um zu verstehen, woher die Gefühle rühren. Vielleicht regt sich gerade Widerstand in Ihnen und Sie denken sich, dass die Gefühle der Schüler im Unterricht nichts zu suchen hätten. Das Verhalten der Schüler und ihre Gefühle hängen nun aber miteinander zusammen, Lernen ist darüber hinaus leichter und effektiver, wenn es mit positiven Gefühlen verbunden ist. Wenn wir also mit ihren Gefühlen verständnisvoll und sie akzeptierend umgehen, unterstützt das ihren Lernprozess.

Die dritte Komponente, die bedingungslos positive Zuwendung, meint, dass die Lehrkraft die Gefühle und Äußerungen der Schüler akzeptiert und sie sich ihm wertschätzend zuwendet. Dies ist vor allem bei Schülern mit besonders herausforderndem Verhalten nicht immer einfach, aber gerade bei ihnen eben auch von besonders großer Bedeutung. Die Lehrkraft muss die Gefühle des Schülers nicht annehmen und sein Verhalten auch nicht gutheißen, aber sie nimmt ihn ohne Vorurteile und ohne Wertung an, egal, wie er sich in dem jeweiligen Moment verhält. Dies geht nur, wenn ich als Lehrkraft meine Schüler als eigenständige Menschen respektiere sowie ihre Gefühle und ihr daraus resultierendes Verhalten.

Sie sehen, die drei Kernelemente Kongruenz, Empathie und bedingungslos positive Zuwendung sind miteinander verwoben und bedingen einander. Damit sie wirken können, müssen sie von den Lernenden wahrgenommen werden können. Die Lehrenden machen ihren Lernenden ein Lern- und ein Beziehungsangebot. Der Lehrkraft fällt dabei die Rolle zu, die für das Lernen notwendigen Ressourcen ausfindig zu machen und ihren Zugang zu ermöglichen und sich dabei selbst, ihr Wissen und ihre Erfahrung, auch als Ressource zu verstehen und ihren Schülern zur Verfügung zu stellen.

1.11 Abschließende Bemerkungen und vor allem: Ermunterung

In diesem Sinne ist mein Entwurf des barrierefreien Lehrens und Lernens als Angebot zu verstehen. Ich kann Ihnen nicht vorschreiben, wie Sie Ihren Lehrprozess zu gestalten haben. Mein Entwurf ist ein Versuch, den unterschiedlichen Lernbedürfnissen der Schüler gerecht zu werden. Er ist in den gut zwanzig Jahren meiner Tätigkeit als Lehrerin und Moderatorin in der Lehrerfortbildung gereift, durch viele spannende Diskussionen mit Kollegen und auch Schülern geschliffen worden. Ich war immer auf der Suche nach einem noch besseren Weg und habe durch Versuch und Irrtum auch ganz schön viele Unterrichtseinheiten so richtig „verhauen“. Die beschriebenen Eckpunkte der kognitiven, affektiven und psychomotorischen Lernzieltaxonomie von Bloom, der Begabtenförderung, die in Schule leider noch immer vernachlässigt wird, nach Renzulli und der Beziehungsgestaltung und Gesprächsführung nach Rogers haben sich als festes Gerüst herausgebildet, das stabil blieb. Wie ich es weiter ausgestaltet habe, welches Lehr-Lern-Angebot ich in welcher Lerngruppe gemacht habe, hat sich erst im Unterrichten selbst herausgestellt. Da kann es keine festen Vorgaben geben, die in einer strengen Abfolge umzusetzen sind. Denn der Weg hängt entscheidend von den Lernenden ab, sie gehen ihn, ich bin dabei eher ihr Kompass.

Ich selbst verstand mich immer auch als Lernende. Genauso wie ich davon überzeugt bin, dass Schüler lernen und reifen wollen, genauso bin ich auch davon überzeugt, dass Lehrende sich weiter entwickeln wollen. Insofern können Sie meinen Entwurf als eine Art Rohling betrachten, den Sie selbst noch weiter bearbeiten und den Sie Ihren Fähigkeiten, Interessen und Vorlieben entsprechend gestalten. Dies betrifft vor allem die Ausgestaltung der Lernlandschaft.

Sie werden die Angebote machen, von denen Sie überzeugt sind. Versuchen Sie dennoch, sich auch auf Neues einzulassen und trauen Sie Ihren Entdeckungen. Machen Sie Erfahrungen und geben Sie nicht zu schnell auf. Der Lehr-Lern-Prozess benötigt vor allem Zeit und natürlich wird es Reinfälle und Rückschläge geben. Haben Sie keine Angst vor Unsicherheiten, sie zeigen Ihnen, wie der Weg weiterzugehen ist. Begeben Sie sich in Ihren eigenen Lern-Prozess und vertrauen Sie dabei auf Ihre Erfahrungen, die Sie in Richtungen lenken werden, die Sie unter Umständen gar nicht anvisiert hatten. Erfahren Sie Ihre Erfahrungen - ich verspreche Ihnen: Es wird ein spannender und aufregender Prozess!

Je ehrlicher Sie Ihren Schülern ein Beziehungsangebot im Sinne Rogers machen können, desto erfolgreicher werden die Lehr-Lern-Prozesse verlaufen. In meiner langen schulischen Zeit konnte ich beobachten, dass die Beziehung zwischen Lehrern und Schülern dort eine gute und persönliche war, wo sie von Kongruenz, Empathie und bedingungslos positiver Annahme getragen war. In diesem Klima waren die Lehr-Lern-Prozesse effektiv und führten zu signifikanten Lehr-Lern-Ergebnissen. Wo es an einem solchen Beziehungsangebot seitens des Lehrers mangelte, kam es zu mehr oder weniger großen Problemen und die störungs- und konfliktfreie Zone des Lehrens und Lernens war entsprechend klein. Nicht nur die Schüler werden in der Beziehung mit Ihnen reifen, auch Sie werden Veränderungen bei sich selbst erleben und Aspekte Ihres Selbst erfahren, die Sie bislang - noch - nicht wahrgenommen haben. Das soll Ihnen keine Angst machen, sondern Sie ganz im Gegenteil ermuntern, offen für die Erfahrungen zu sein.

2. Gedanken einer autistischen Lehrerin (und ehemaligen Schulleiterin)

2.1 Ich ~~bin~~ war gerne Lehrerin

Ich bin gerne Lehrerin. Mir fällt es schwer, diesen Satz in die Vergangenheitsform zu setzen. Ich schreibe - und sage es auch immer so -, dass ich gerne Lehrerin, nicht aber, dass ich gerne Schulleiterin gewesen sei. Obwohl ich, seit ich als Realschulkonrektorin in die Schulleitung gewechselt war, viel mehr Schulleiterin war und fast ausschließlich als solche wahrgenommen wurde. Die spontane und unreflektierte Benutzung des Wortes „gewechselt" unterstreicht, dass tatsächlich eine Änderung stattfindet. Nicht nur die Amtsbezeichnung wird eine neue, man wechselt ebenso in einen komplett anderen Beruf! Trotz meiner Rollenklarheit habe ich diesen Wechsel innerlich nie wirklich vollzogen. Meine Schüler der Abschlussklasse gaben mir zum Beispiel mit auf dem Weg, dass ich, obgleich Schulleiterin, die entspannteste Lehrerin gewesen sei. Als Schulleitungsmitglied habe ich natürlich weiter unterrichtet, aber deutlich weniger Stunden. Dennoch investierte ich nach wie vor viel Zeit in meinen Unterricht. Mein Bestreben war in jeder schulischen Position, meinen Unterricht weiter zu entwickeln sowie insgesamt die Unterrichtsentwicklung der jeweiligen Schule voranzutreiben. Mein Herz gehörte stets den Schülern, sie standen immer an erster Stelle in meinem Berufsleben. Das soll nicht heißen, dass andere Kollegen aus der Schulleitung kein Herz für ihre Schüler gehabt hätten. Nein! Nur ist die Aufgabenfülle als Schulleiter oder stellvertretender Schulleiter so groß, dass für den Unterricht nur noch wenig Zeit bleibt und der Kontakt mit Schülern sich - leider - oft auf disziplinarische Gespräche beschränkt. Für mich aber blieb es umgekehrt. Ich war zuerst Lehrerin. Bei meiner Verabschiedung als Schulleiterin wurde genau dieser Punkt hervorgehoben. Heute verstehe ich, warum.

Nur eine Klasse habe ich von der fünften bis zur zehnten Klasse geleitet und zum Abschluss geführt. Danach war mir dies durch meine Schulleitungstätigkeit nicht mehr vergönnt gewesen. Ich war stets mit ganzem Herzen Klassenlehrerin.

Ich machte viele Sachen, die ich nicht hätte machen müssen und die zusätzlicher Energie bedurften, für die ich aber gern und überzeugt eingetreten bin. Dazu gehörten zum Beispiel pädagogische Elternabende zu aktuellen Themen wie dem Internet (vor 10 Jahren!) oder „Welcher Lerntyp ist mein Kind und wie kann ich sein Lernen unterstützen?", zu Klassenfahrten - davor wie danach mit Bilderschau und Schülerbeiträgen in Form von Texten oder Sketchen - oder auch ein französischer Abend, den die Schüler für ihre Eltern gestalteten, wo sie stolz ihre ersten Französischkenntnisse präsentierten und ihre Eltern wie in einem französischen Bistro bedienten. Dabei war mir wichtig, die Schüler aktiv einzubinden, ihnen die Möglichkeit zu geben, ihren Eltern ihre Fortschritte und Leistungen zu zeigen. In meiner zweiten Klasse bildete sich eine Theater-AG heraus, die Märchen umschrieb und einstudierte. Ich hatte zudem freitags die letzte Stunde in meiner Klasse und blieb meist noch eine Stunde länger, um mit den Schülern, die Bedarf hatten, zusammenzusitzen und über Probleme oder einfach auch nur über das, was sie gerade bewegte, zu sprechen. Ich hatte immer ein enges und vertrauensvolles Verhältnis zu meinen Schülern.

Was sind meine Überzeugungen, meine Werte als Lehrerin?

An erster Stelle stehen die Schüler - nicht mein Stundenplan, meine Unterrichtsverteilung, die Wünsche der Schulleitung oder der soziale Druck des Kollegiums. Mein Umgang mit den Schülern und die Wege, die ich dabei einschlug, wurden vom Kollegium durchaus kritisch und zum Teil auch mit Unverständnis beäugt. Grundvoraussetzung für den Lehrerberuf ist aus meiner Sicht, dass ich die Schüler liebe. Das klingt vielleicht für einige zu pathetisch. Ich meine damit, dass ich meinen Schülern unvoreingenommen gegenübertrete, ein unendlich weites Herz für sie habe, ihnen jeden Tag wieder eine neue Chance gebe, an sie glaube, ihre Fähigkeiten und Begabungen entdecken will. Dass ich mich als ihre Klassenlehrerin für sie einsetze, vor sie stelle und dafür auch Konflikte mit der Schulleitung oder Kollegen in Kauf nehme.

Kinder sind neugierig und wollen lernen. Und sie wollen Leistung zeigen! Schule muss der Ort sein, ihnen die dafür notwendigen Erfahrungen zu ermöglichen! Ich selbst sehe mich dabei als Lernende. Zusammen haben wir, meine Schüler und ich, den Unterricht entwickelt, erforscht, wie Lernen am besten funktioniert. Ergebnisoffen haben wir uns auf die Reise in das Land des Lernens begeben. Dabei ist auch vieles schief gegangen, aber wir haben nicht aufgegeben. Ich machte meinen Schülern Angebote und habe sie immer wieder ermuntert, sich darauf einzulassen. Ich selbst habe mich während meines gesamten Lehrerinnendaseins permanent fortgebildet, mich durch Berge von Fachliteratur gearbeitet, immer auf der Suche nach Ansätzen, den Schülern die Lernumgebung zu schaffen, die sie zur Entfaltung ihrer Persönlichkeit und Begabungen benötigen. Meine Schüler habe ich in den Prozess einbezogen, ihnen erklärt, warum ich so plante und vorging. Ich habe versucht, ihnen die aktuellen Erkenntnisse und das Wissen über unser Gehirn und das Lernen zu vermitteln, damit sie das Ziel vor Augen hatten. Denn was fehlte, war die Übersetzung dieser Forschungen in den alltäglichen Unterricht. Das versuchte ich, mit den Schülern gemeinsam zu leisten. Eine hehre und große Aufgabe! Diese intensiven Lernerfahrungen konnte ich nur in meinen eigenen Klassen und mit Abstrichen in meinen Französischkursen machen. Beim einstündigen Philosophie- oder Geschichtsunterricht begab ich mich zwar auch auf den entsprechenden Weg, aber es war ungleich schwieriger, weil ich nicht die notwendige Beziehung zu den Schülern aufbauen konnte. Nur wenn ich länger als ein halbes Jahr in der Klasse blieb, gelang es mir, Vertrauen aufzubauen und es ging dann besser.

Ein entscheidender Punkt für mich war, die Schüler so zu akzeptieren, wie sie waren. Ihre Individualität und ihr Anderssein anzunehmen.

Auch wenn ich ein Skript für meine Rolle als Lehrerin benötigte, möglichst alle nur denkbaren Situationen vorher einmal durchgespielt haben musste, um über ein entsprechendes Handlungsrepertoire zu verfügen: Es blieb meine eigene, von mir verfasste und meinen Werten entsprechende Regieanweisung. Insofern war ich in meiner Beziehung zu meinen Schülern authentisch, mein Verhalten kongruent. Das spürten sie. Wenn ich mit Situationen überfordert war, gab ich das zu. Ich nahm Entscheidungen zurück, wenn sie sich als falsch herausstellten, weil ich sie in dem Moment der Überforderung getroffen hatte.

Die Gefühle und Wahrnehmungen der Schüler habe ich akzeptiert, respektiert und als solche stehen gelassen. Sie waren ja richtig für den Schüler. Wie hätte ich mir da anmaßen können, sie in Frage zu stellen? Über den gemeinsamen Austausch gelang es den Schülern und mir, eine Lösung oder einen Weg zu finden, gerade auch bei Konflikten der Schüler untereinander. Ich wollte verstehen, warum der Schüler so (re)agierte, wie er (re)agierte. Das ist eine ganz wichtige Erfahrung für die jungen Menschen: verstanden zu werden. Jeder Mensch möchte doch verstanden werden - ist es nicht konstitutiv für unser Sein und damit existentiell? Warum also sollten wir ausgerechnet diese Erfahrung den Schülern vorenthalten? Es setzt allerdings voraus, dass wir ihnen erlauben, anders zu empfinden als wir selbst oder als die Mehrheit. Dies stellt für alle Menschen eine große Herausforderung dar. Wie oft wird versucht, einen Menschen, einen Schüler so zu formen, wie es seine Eltern, seine Lehrer für richtig halten. „Einfach ich selbst zu sein" - dieser Wunsch gilt besonders für die uns anvertrauten jungen Menschen!

2.2 Mut zum Träumen! Mut zur Verantwortung! Meine Zeit als Schulleiterin

Die Schulleiterin meiner ersten Schule sprach mich an und fragte, ob ich mir nicht vorstellen könne, ein Amt in der Schulleitung zu übernehmen. Ich führte mehrere lange Gespräche mit ihr über die Aufgaben als (stellvertretende) Schulleiterin, auch darüber, wie einsam man als Schulleiterin sein kann. Ihre offenen Worte hielten mich nicht ab, diesen Weg zu verfolgen. Ich war ja durchaus ehrgeizig und glaubte, meine Ideale von Unterricht und Schule dadurch nicht nur in meinen Klassen, sondern in einer ganzen Schule umsetzen zu können. Mir war zu dem Zeitpunkt nicht klar, dass ich mit diesem Weg meinen Beruf als Lehrerin hinter mir lassen würde.

Als Schulleiterin habe ich - ganz plakativ gesprochen - vor allem dafür zu sorgen, dass die Schule „läuft", das heißt, dass Unterricht möglich ist, dass dieser lehrplankonform ist, dass das Gebäude sicher ist, dass die Kollegen ihren Dienst versehen, dass sich möglichst wenig Eltern beschweren, schon gar nicht bei der Bezirksregierung, die wiederum am besten nicht auf meine Schule aufmerksam wird, was ich hauptsächlich dadurch erreiche, dass ich alle Unterlagen und Daten fristgerecht einreiche. Und - ganz wichtig: Die Schule so positiv und innovativ wie möglich nach außen zu „verkaufen", um im Februar hohe Anmeldezahlen für das kommende Schuljahr vorweisen zu können. Schließlich stehen die Schulen vor Ort in direkter Konkurrenz zueinander. Damit ist ein Schulleitungsteam bereits mehr als gut ausgelastet.

Mut zum Träumen! Mut zur Verantwortung! Diese zwei Aufforderungen nahm ich aus einer Fortbildungsveranstaltung der Initiative „Schule im Aufbruch" mit. Sie wurden mein Credo. Schule nicht nur verwalten und dafür sorgen, dass alles läuft, sondern zusammen an einer gemeinsamen Vision von guter Schule arbeiten und die Verantwortung dafür übernehmen! In enger wie guter Zusammenarbeit mit den Schülern, Lehrern und Eltern wollte ich neue Wege gehen, auch um die Schule in der örtlichen Schullandschaft weiter zu profilieren und zu positionieren, denn mit dem Abbau der Hauptschulen in Nordrhein-Westfalen drohte den Realschulen ein ähnliches Schicksal. Ich war von der guten Arbeit an dieser Schule überzeugt.

Schulleiter hatten lange Zeit als „Primus inter Pares", als Erster unter Gleichen, gegolten. Doch das hatte sich im Zuge der Implementation der nationalen Bildungsstandards gewandelt. Schulleiter erhielten einen klaren Führungsauftrag: Sie sollten für geregelte Abläufe sorgen, also die Schule leiten, ihr aber auch zu mehr Qualität verhelfen, also führen. Die damalige Schulministerin sprach davon, dass Schulleiter „steuern, nicht rudern" sollten. Ich sah mich trotzdem weiter als Ruderin, die mit allen am Schulleben Beteiligten zusammen möglichst im gleichen Takt und vor allem in die gleiche Richtung ruderte. Dabei hatte ich als Schulleiterin verschiedene Gruppen zu „bedienen": die Schüler, die Eltern, die Lehrer, den Schulträger, die örtliche Politik, die Schulaufsichtsbehörde, die außerschulischen Partner, und ja, auch die Presse, die in dem kleinen Ort sehr viel über die Schule berichtete. Es allen recht zu machen, war unmöglich. Mein oberstes Ziel blieben die Schüler, sie sollten ihren individuell bestmöglichen Lernabschluss erreichen können. Daran richtete ich alle Entscheidungen aus. Dafür wollte ich ein gemeinsames Qualitätsverständnis von Unterricht entwickeln, Gemeinschaft leben, Eltern als Bildungs- und Erziehungspartnern auf gleicher Augenhöhe begegnen, fächer- und jahrgangsübergreifende Projektarbeit etablieren.

Mein Umgang mit den unterschiedlichen, oben angesprochenen Gruppen war von der gleichen Überzeugung und den gleichen Werten geprägt wie ich sie im vorherigen Abschnitt („Ich ~~bin~~ war gerne Lehrerin") in Bezug auf meine Schüler beschrieben habe.

2.3 Nachteilsausgleich - Barrierefreiheit - schulischer Inklusionsprozess

Da meine durch mein autistisches Sein bedingten Schwierigkeiten von außen nicht zu erkennen waren, mögen meine durch die Schwerbehinderung gewährten Sonderregelungen - unter anderem keine Mehrarbeit oder Befreiung von der Pausenaufsicht - als kapriziös gegolten haben. Es verhält sich wie mit dem Nachteilsausgleich für Schüler. Die Maßnahmen dienen als Ausgleich der durch die Behinderung bedingten Nachteile. Sie verschaffen keine Vorteile! Ich hätte sie nicht in Anspruch genommen, wenn es nicht nötig gewesen wäre. Das ist eine große Schwierigkeit im Rahmen von Inklusion. Nachteilsausgleiche werden oftmals mit Argwohn beäugt und schnell wird unterstellt, man wolle nur Vorteile für sich ergattern. Die möglichen Unterstützungen und Hilfen sind praktisch die „Krücke", um am Arbeitsleben teilhaben zu können. Das Asperger-Syndrom sieht man nicht. Die Hilfen entsprechen einem Fahrstuhl, um vom Erdgeschoss ins Obergeschoss, wo der Arbeitsplatz ist, zu kommen. Sollte es tatsächlich am Bau eines solchen Fahrstuhls scheitern? Eine Schwierigkeit bestand darin, die im Teilhabegespräch vereinbarten Maßnahmen einzuhalten und auch von mir einzufordern. Ich kam mir dabei schnell als „Kollegenschwein" vor, das die Arbeit auf die Kollegen abwälzt und den Betrieb aufhält. Aber vielleicht sind solche Maßnahmen künftig früher möglich und können wie selbstverständlich berücksichtigt werden. Barrierefreiheit ist bei Schulbauten inzwischen Standard - meine Hoffnung ist, dass sie bei unsichtbaren Erkrankungen und/oder Behinderungen auch eines Tages mitgedacht und damit Standard wird.

Was den schulischen Inklusionsprozess betrifft, habe ich in meiner aktiven Zeit viele gute Beispiele kennengelernt, die auf den hohen Einsatz und der sensiblen Haltung von Lehrkräften basierten. Inklusion gelang immer dann, wenn alle an einem Strang zogen und sich gegenseitig als jeweilige Experten anerkannten und wertschätzten: Schüler, Regellehrer, Sonderpädagoge, Eltern, Schulsozialarbeiter und alle weiteren möglichen Partner.

Ich machte auch ganz andere Erfahrungen. Ich erlebte, dass neurotypische Lehrer sich in Bezug auf Autismus - ohne sich jemals informiert oder fortgebildet zu haben, geschweige denn näheren Kontakt zu autistischen Menschen gehabt zu haben - kompetenter fühlten und zu wissen glaubten, was der autistische Schüler benötigen würde und was er zu leisten habe.

An dieser Stelle werde ich dann doch einmal polemisch: Solch ein Verhalten ist an Borniertheit kaum zu überbieten. Dazu gehören Sprüche wie „Autismus ist das neue ADHS“ und auf die Erziehungsunfähigkeit der Eltern zurückzuführen oder das generelle Absprechen von bestimmten Fähigkeiten, z.B. künstlerischer Begabung, allein aufgrund der Tatsache, dass das doch „der Autist“ sei, der das gar nicht könne. Diagnosen wurden von Lehrern angezweifelt, ja mitunter sogar die Behauptung aufgestellt, dass Eltern sie nur erzwingen würden, um von ihren eigenen Fehlern abzulenken und Sonderrechte für ihr Kind zu erhalten. Lehrer können und wissen bekanntlich ja alles besser - so ist zumindest ihr Ruf. Genauso wie dies falsch ist und den vielen motivierten und engagierten Lehrern nicht gerecht wird, genauso machen die gerade genannten Beispiele wütend und hilflos. Sie resultieren vor allem aus Unwissenheit und ja, manchmal auch aus einer unangebrachten Überheblichkeit. Dadurch werden die Vorurteile und Klischees über die Autismus-Spektrum-Störungen genährt und, noch schlimmer, die autistischen Schüler verurteilt. Ihr herausforderndes Verhalten, das verständlich wird, wenn man sich mit ihnen auseinandersetzt und die dahinter liegenden funktionalen Bewältigungsstrategien erkennt, wird kritisiert, bemängelt, beklagt. Ihnen wird fehlender Wille vorgeworfen, Uneinsichtigkeit, Faulheit. Und am schlimmsten: Oftmals werden sie als Menschen abgelehnt und ihre Verbannung auf die Förderschule gefordert, weil die Lehrkräfte nicht mit ihnen umzugehen wissen und überfordert sind. So ergeht es im Übrigen allen Schülern, die nicht der erwarteten sozialen Norm ihrer Lehrer entsprechen. Sie fragen nicht, warum der Schüler sich so verhält, sondern möchten ihn aufgrund ihrer eigenen Hilflosigkeit „aussortieren“. Herzlich Willkommen in der Welt des barrierefreien Lernens und der Bildungs- und Chancengerechtigkeit! Dies ist - nebenbei bemerkt - das Abbild unserer gesellschaftlichen Realität, die, trotz einer nie da gewesenen gesamtgesellschaftlichen Freiheit, in den einzelnen Gruppen ganz enge Grenzen setzt und gnadenlos aussortiert, wenn diese überschritten werden.

2.4 thcadegreuQ | Quergedacht

„Bisher war es wichtig, dass jeder, der anders ist, die gleichen Rechte hat. In Zukunft wird es wichtig sein, dass jeder das gleiche Recht hat, anders zu sein.“ (de Klerk, zitiert nach Geist 2017, S. 57)

Wie verändert sich der Satz „[...] dass jeder, der ANDERS ist, die gleichen RECHTE hat“, indem die Wörter „anders“ und „Recht(e)“ ihre Positionen im Satz tauschen: „[...] dass jeder das gleiche RECHT hat, ANDERS zu sein“? Er erhält eine ganz andere Bedeutung. Es sind nicht nur Nuancen: In seiner - ich würde sagen radikalen - Aussage rüttelt der veränderte Satz am Fundament unserer Gesellschaft!

Der ursprüngliche Satz des Friedensnobelpreisträgers von 1993 - „Bisher war es wichtig, dass jeder, der anders ist, die gleichen Rechte hat.“ - bejaht zunächst einmal, dass Menschen unterschiedlich sind, anders sein können. Sie sind Teil der Gesellschaft, haben aber nicht die gleichen Rechte. Deshalb ist es unsere Aufgabe, uns dafür einzusetzen, dass für alle Menschen, auch für die, die anders sind, die im Grundgesetz verankerten Rechte gelten. „Welch eine banale Feststellung“, mögen Sie jetzt einwerfen wollen, „dass unsere Gesellschaft bunt und vielfältig ist, ist doch längst gelebte Realität. Schauen Sie doch mal, was sich in den letzten Jahren, Jahrzehnten alles getan hat, gerade zum Beispiel im Bereich der Inklusion.“ Das ist richtig.

Erschreckend ist, dass im gleichen Maße wie auf der einen Seite die gleichen Rechte für alle, die anders sind, erkämpft worden sind, auf der anderen Seite das Recht, anders sein zu dürfen, verloren ging. Das klingt auf den ersten Blick paradox. Schlimmer noch: Es verkehrt die Aussage des ersten Satzes, dem die meisten zustimmen würden, radikal ins Gegenteil. Jeder hat das gleiche Recht, anders zu sein.

Diese Aussage verneint nicht, dass Menschen anders sein können, anders sind. Also noch kein Unterschied zur ersten Aussage. Aber die Menschen, die anders sind, sind nicht länger selbstverständlicher Teil der Gesellschaft! Sie müssen dafür kämpfen, anders sein zu dürfen! Anders zu sein, ist gar nicht mehr vorgesehen.
Die Anerkennung der gleichen Rechte für alle, die anders sind, verlangte, dass diese sich anpassten, um in die normierte Gesellschaft gepresst werden zu können. Alle Menschen werden gleich, normal ist, wer in die uniformierte Gesellschaft passt. Damit wird dem einzelnen Menschen das Recht abgesprochen, anders sein zu dürfen. Er wird nicht nur wie früher an den Rand gedrängt, sondern ausgestoßen. Darin liegt die Sprengkraft dieser Feststellung des Friedensnobelpreisträgers und ehemaligen Vizepräsidenten von Südafrika, Willem de Klerk.

Hinter dem Spiegel der Offenheit und Liberalität, in dem sich unsere Gesellschaft so gern strahlend sieht, verbirgt sich genau das Gegenteil: Ausgrenzung und rigide Normalitätsvorstellungen. Das „Nicht-Normale", das „Andere" führt zu Unwohlsein, weil die Verhaltensweisen nicht den eigenen entsprechen und nicht nachvollziehbar werden. Daraus resultiert Angst. Aus Vorurteilen und fehlenden Informationen, aus Unwissenheit und somit Unverständnis, wird das Konstrukt „was nicht normal ist, ist verrückt, krank, hat kein Recht, anders zu sein" zur Erklärung herangezogen. Es wird deutlich, dass es das fehlende gegenseitige Verständnis ist, dass zur Ausgrenzung derer führt, die anders sind. Je geringer das Verstehen des Anderen ist, desto geringer ist auch die Toleranz seinem Anders-Sein gegenüber.

Es ist geradezu ein Hype um Autismus entstanden. Fast scheint es hipp, autistisch zu sein. Es werden in den medialen Darstellungen aber hauptsächlich die Klischees bedient oder die bekannten klinischen Erklärungen wie beispielsweise die Überempfindlichkeit gegenüber Reizen und die Auffälligkeiten in der sozialen Interaktion und Kommunikation herangezogen. Im Zuge der Diskussionen um Greta Thunberg kommen mir die Konnotationen zum Asperger-Autismus wie ein backflash vor, der Haltungen wieder hervortreten lässt, die ich nach der Lektüre von Silbermans „Geniale[n] Störung" über die Geschichte des Autismus von Asperger bis zur Gegenwart für überwunden geglaubt hatte. Die Darstellungen und Beschreibungen verhaften an der Oberfläche, bleiben sozusagen klinisch steril. Dadurch entsteht kein Verständnis, vorhandene Meinungen werden im Gegenteil verfestigt. Es ist ein defizitärer Blick auf Autismus: Gesehen werden die Mängel, nicht die Potenziale und Ressourcen.

> „Diese negative Sicht [...] ist aber teilweise auch einem Zeitgeist geschuldet, welcher Fähigkeiten wie Anpassung, Stressresilienz, Selbstdarstellung, Mobilität, Schnelligkeit und Egozentrik für notwendig und gesund erachtet. [...]
> Sehen wir nun die [...] ‚Defizite' einmal positiv, so wird aus dem ‚Sich-Nicht-Anpassen-Können' Individualität; aus ‚Sich-Nicht-Verstellen-Können' Authentizität; aus Ablehnung ‚schneller, ständiger Veränderungen' Charaktertreue und Autonomie; aus ‚Reizfilterschwäche' Sehnsucht nach Ruhe und Klarheit; aus ‚Kein Unrecht ertragen' Mitgefühl und Gerechtigkeitssinn; aus ‚kein Konkurrenzdenken' Achtung vor dem Anderen [...] und so weiter.
> Damit ergibt sich erstaunlicherweise eine Sammlung positiver Eigenschaften und Fähigkeiten, die sogar allgemeinen Sehnsüchten und oft auch therapeutischen Zielen unserer Gesellschaft entsprechen." (Geist 2017, S. 22)

Und die in fast allen Schulprogrammen zu finden sind und mit denen Schulen sich gerne „schmücken"! Es tatsächlich zu leben, nicht nur in der Schule, sondern in der Gesellschaft insgesamt, bleibt eine große Herausforderung für jeden einzelnen Menschen und jedes System.

Für mich fühlte es sich mich als Person entwertend, beschämend, den Rest meines Selbstwerts und Selbstbewusstseins begrabend an, als ich merkte, dass ich nicht mehr Teil der Schulgemeinschaft bleiben würde können.

Ich nahm mich mehr und mehr ge- oder sogar erduldet wahr. Ich hatte nichts mehr zum Gelingen der Schule beizutragen. Ich fühlte mich zunehmend auch an dem von mir so geliebten Ort Schule fremd. Selbstzweifel und Selbstabwertung waren die Folge.

Ein erster, der entscheidende Schritt zur Integration von autistischen Menschen in den ersten Arbeitsmarkt ist also eine genaue Kenntnis über Autismus. Erst wenn Arbeitgeber und Kollegen nachvollziehen, was es heißt, mit seinem ganzen Sein autistisch zu sein, können sie ihren autistischen Kollegen und sein Verhalten verstehen und einordnen. Er bleibt nicht länger fremd und tendenziell „unnormal" oder „crazy". Erst dann können auch die Stärken und Potenziale eines autistischen Menschen für den Betrieb, die Institution genutzt werden und sein Arbeitsplatz so eingerichtet werden, dass er weniger Kompensationsanstrengungen aufbringen muss. Wenn beide Seiten in einen gemeinsamen Austausch treten, einander zuhören, sich gegenseitig ihre Welten erklären, wenn wir uns gegenseitig verstehen: Ja, dann können wir unsere jeweilige Andersartigkeit annehmen, akzeptieren und nutzen. Ein Versuch ist es auf jeden Fall wert! Es lohnt sich!

2.5 Die mögliche andere Wahrnehmung auszuhalten - das ist die größte Herausforderung in der Schule!

Mir geht es um Schule als Mikrokosmos unserer Gesellschaft. Die Kinder erfahren "die" Gesellschaft erstmals im Kindergarten und in der Schule. Sie erleben Institutionen und Autoritäten. Sie nehmen seismographisch auf, wie mit ihnen umgegangen wird, wie sie behandelt werden. Sie haben ein sehr feines Gespür dafür, ob sie als Subjekte oder doch eher als Objekte, die die Erwartungen und Ziele zu erfüllen haben, gelten.

Wenn ein Schüler in der siebten Klasse [fiktives Beispiel] sagt: "Ist doch eh alles egal. Lehrer xy hat mir doch schon gesagt, dass aus mir nie was werden wird. Was soll das also?", dann ist eine ganze Menge schief gelaufen! Er erfährt eine Gesellschaft, die ihn ausschließt. Er erfüllt die Erwartungen nicht, erreicht die Ziele nicht: ... und raus bist du! Tja, Pech gehabt. Natürlich hat er sich nicht so benommen, wie es von ihm erwartet wird. Hat Grenzen überschritten, war nicht respektvoll. Aber die Frage ist doch: Warum? Warum verhält er sich so? Er macht das ja nicht, weil er Spaß daran hat, weil er das toll findet. Jeder Schüler möchte lernen, will Leistung zeigen und Anerkennung erhalten. Wenn es also anders ist, gibt es Gründe dafür. Die können in der Biographie des Schülers begründet liegen und/oder in den Erfahrungen, die er bisher in der Schule gemacht hat. In dem Beispiel gewinnt er die fatale Erkenntnis, dass es egal ist, was er macht. Er wird es sowieso nicht schaffen. Er ist verletzt, enttäuscht, frustriert, wütend. Er wendet sich vom Lehrer ab, aber auch von den anderen Lehrern - "Die stecken doch eh alle unter einem Hut" - und von der Institution Schule. Ja, und er wendet sich von "der" Gesellschaft ab, die ihm signalisiert, dass sie ihn nicht braucht, nicht will, solange er nicht funktioniert.

Es braucht viel Zutrauen, Mut und Ausdauer, diesem Schüler, zu zeigen, dass es nicht so ist, dass es sich bei dem Lehrer um einen Einzelfall handelt. Dafür muss ich mich als Klassenlehrerin vor den Schüler stellen, auch in Konfrontation zum Kollegen gehen. Ich brauche ganz viel Geduld, muss Rückschläge akzeptieren, darf nie meine Zuversicht verlieren. Es lohnt sich! Welch eine andere Erfahrung macht dann der Schüler: Er erlebt, dass da jemand ist, der an ihn glaubt, der ihn akzeptiert und respektiert, der ihm etwas zutraut. Und er erlebt, dass er etwas schaffen kann, dass er Erfolg haben kann. Bevor Sie jetzt laut protestieren: Nein, ich spreche nicht von Kuschelpädagogik.

Es reicht nicht, dem Schüler nur über den Kopf zu streicheln und zu sagen: Du Armer, es wird alles wieder gut. Die gesetzten Grenzen müssen eingehalten werden, sonst kann Gemeinschaft und somit Gesellschaft nicht funktionieren. Auch der Schüler muss seinen Beitrag leisten. Aber als mündiger Schüler!

Den Schüler ernst zu nehmen, seine Sorgen, seine Ängste, seine Unsicherheit, ihn zu respektieren und ihn in seiner Andersartigkeit zu akzeptieren - das ist nicht einfach. Das bedeutet, dass ich meine eigenen Gefühle ernst nehmen und mir zugestehen muss. Meine Ansichten, meine Haltung, meine Erwartungen. Dann kann ich die anderen Gefühle meines Schülers überhaupt erst verstehen, seine Ansichten, seine Haltung. Die mögliche andere Wahrnehmung auszuhalten, das ist die größte Herausforderung in der Schule. Sie aber lässt andere Lernwege zu, gesteht dem Schüler zu, anders zu lernen als ich (Lehrer), andere Wege zu gehen, stößt mich von meinem erhabenen Lehrersockel. Dabei verliere ich nicht Autorität, sondern gewinne sie.

Die meisten Lehrer lieben den genormten Schüler, der alle Anforderungen brav umsetzt. Die Schüler, die nicht so sind, werden durch Förderung passend gemacht, in die Norm gepresst. Wenn auch das nicht klappt: Schulwechsel. So funktioniert leider auch die Gesellschaft. Passt du nicht: ... und raus bist du. Tja, Pech gehabt...

Schule ist mehr als Tempel der Wissensvermittlung. Sie ist vor allem Schule "der" Gesellschaft. Alle Kinder durchlaufen die Schule, werden in ihr groß, wachsen in ihr, bis sie in die "echte" Gesellschaft entlassen werden. Die Erfahrungen, die sie bis dahin gemacht haben, haben sie geprägt und sind entscheidend für ihr weiteres Engagement für "die" Gesellschaft und die Demokratie. Mir persönlich bleiben bis dahin noch zu viele Schüler auf der Strecke! Noch immer machen zu viele Kinder die Erfahrung, dass sie nicht akzeptiert werden, dass sie nicht sie selbst sein dürfen, dass sie sich verbiegen müssen. Ausgrenzung ist das, was ihre Schulzeit kennzeichnet. Manchmal sogar ein Abschieben von der einen zur anderen Schule - und das mehrfach! Das ist ein Versagen unserer Gesellschaft! Das darf nicht sein, dass wir Kinder abschieben, weil wir mit ihnen überfordert sind.

Schule als Mikrokosmos der Gesellschaft. Die Unruhe und Unsicherheit, der Umbruch, die Oberflächlichkeit, der Fake kennzeichnen unsere gegenwärtige Zeit. Und genauso sieht es in Schule aus. Die mögliche andere Wahrnehmung auszuhalten, das ist DIE Herausforderung der Gesellschaft! An dieser Aufgabe wächst oder zerbricht sie!

Literaturverzeichnis

Baumann, Menno; Bolz, Tijs; Albers, Viviane (2017): *„Systemsprenger" in der Schule. Auf massiv störende Verhaltensweisen von Schülerinnen und Schülern reagieren*.- Weinheim Basel: Beltz.

Brüning, Ludger; Saum, Tobias (2007): *Erfolgreich unterrichten durch Kooperatives Lernen. Strategien zur Schüleraktivierung*.- Essen: Neue Deutsche Schule.

Brüning, Ludger; Saum, Tobias (2009): *Erfolgreich unterrichten durch Kooperatives Lernen. Band 2: Neue Strategien zur Schüleraktivierung - Individualisierung - Leistungsbeurteilung - Schulentwicklung*.- Essen: Neue Deutsche Schule.

Eichhorn, Christoph (2015): *Classroom-Management. Wie Lehrer, Eltern und Schüler guten Unterricht gestalten*.- Stuttgart: Klett-Cotta.

Geist, Ulrike (2017): *Mit einem anderen Blick. Zur geistigen Dimension des Autismus*.- Frankfurt am Main: Info3-Verlagsgesellschaft .

Gershon, Mike (2015): *How to use Bloom's Taxonomy in the Classroom: The complete Guide*.- Wrocław: Amazon.

Gordon, Thomas (1977): *Lehrer-Schüler-Konferenz. Wie man Konflikte in der Schule löst*.- München: Heyne (= Heyne-Sachbuch Nr. 19/24).

Greiten, Silvia (2016): „Das ‚Drehtürmodell' - theoretische Grundlagen und Weiterentwicklung."- in: Greiten, Silvia (Hrsg.): *Das Drehtürmodell in der schulischen Begabtenförderung. Studienergebnisse und Praxiseinblicke aus Nordrhein-Westfalen*.- Frankfurt: Karg-Stiftung (= Karg Heft 9) S. 8-19.

Hattie, John (2017): *Lernen sichtbar machen für Lehrpersonen*. Überarbeitete deutschsprachige Ausgabe von Visible Learning for Teachers besorgt von Wolfgang Beywl und Klaus Zierer.- Baltmannsweiler: Schneider Verlag Hohengehren.

Helmke, Andreas (2015): *Unterrichtsqualität und Lehrerprofessionalität. Diagnose, Evaluation und Verbesserung des Unterrichts*.- Seelze-Velber: Klett - Kallmeyer (= Schule weiterentwickeln, Unterricht verbessern).

Karres, Britta (2017): *Komm raus, ich seh dich! Von Glück, Selbstwirksamkeit und Wachsen hochsensibler und hochbegabter Kinder*.- Wien: Festland.

Maier, Uwe; Bohl, Thorsten; Kleinknecht, Marc; Metz, Kerstin (2014): „Allgemeine Didaktik und ein Kategoriensystem der überfachlichen Aufgabenanalyse."- In: Blumschein, Patrick (Hrsg.): *Lernaufgaben - Didaktische Forschungsperspektiven*.- Bad Heilbronn: Verlag Julius Klinkhardt

Meer-Walter, Stephanie (2014): „J'aime ma ville! Eine Lernaufgabe für den Anfangsunterricht."- In: *Praxis Fremdsprachenunterricht Französisch* 5, S. 4-7.

Meer-Walter, Stephanie (2014): „*Devenir reine ou roi du shopping*. Die Kleidung für ein erstes Rendez-vous zusammenstellen und präsentieren."- In: *Der Fremdsprachliche Unterricht Französisch* 128, S. 23-27.

Meer-Walter, Stephanie (2015): „Die Wege zum Ziel immer im Blick. Mit dem *carnet de bord* das eigene Lernen reflektieren und in einen Dialog über das Lernen treten."- In: *Der Fremdsprachliche Unterricht Französisch* 136, S. 10-12.

Meer-Walter, Stephanie (2015): „*Avoir le droit à l'erreur*. Die Fehleranalyse nach Klassenarbeiten als Grundlage für die kooperative Lernreflexion nutzen."- In: *Der Fremdsprachliche Unterricht Französisch* 136, S. 13-17.

Rogers, Carl R. (2018): *Entwicklung der Persönlichkeit. Psychotherapie aus der Sicht eines Therapeuten*.- Stuttgart: Klett-Cotta.

Rothe, Frank (2011): *Struktur kognitiver Prozesse*.- Wien, Berlin: LIT Verlag (= Begabungskultur 8).

Ruf, Urs; Keller, Stefan; Winter, Felix (Hg.) (2008): *Besser lernen im Dialog. Dialogisches Lernen in der Unterrichtspraxis*.- Seelze-Velber: Klett - Kallmeyer.

Schuster, Beate (2017): *Pädagogische Psychologie. Lernen, Motivation und Umgang mit Auffälligkeiten*.- Berlin, Heidelberg: Springer.

Silberman, Steve (2017): *Geniale Störung. Die geheime Geschichte des Autismus und warum wir Menschen brauchen, die anders denken*.- Köln: DuMont.

Tausch, Reinhard; Tausch, Anne-Marie (1998): *Erziehungspsychologie. Begegnung von Person zu Person*.- Göttingen, Bern, Toronto, Seattle: Hogrefe.

Wingert, Gordon; Vollmari, Helga; Strobach, Christiane (2016): „Was heisst denn schon schwierige Schüler? Die Frage nach dem Umgang mit schwierigen Schülern ist so alt wie das System Schule. Aber was genau wird als ‚schwierig empfunden?"- In: *Schulblatt Thurgau* 2, S. 20-23.

Anhang: Arbeitsmaterialien

Der Anhang enthält Arbeitsmaterialien für Ihren Unterricht, zum Entwurf des barrierefreien Lehrens und Lernens sowie zur Reflexion und zum Austausch im kollegialen Team.

M1: Die Parabel vom Pinguin und den Giraffen
In dieser Parabel nach Eckart von Hirschhausens Pinguin-Geschichte geht es darum, wie ein Pinguin jahrelang denkt, er sei eine Giraffe, und darunter leidet, dass die Giraffen und er einander nicht verstehen. Die Erkenntnis, dass er ein Pinguin ist, verändert alles - auch das Zusammenleben mit den Giraffen. Es ist eine Parabel über die Vielfalt des Seins und das gegenseitige Akzeptieren und Verstehen. Sie eignet sich sowohl für jüngere wie auch ältere Schüler.

M2: Fragerunde
Die Fragerunde ist eine Methode der Texterschließung. Das Besondere und zugleich Reizvolle ist, dass die Schüler selber Fragen an den Text stellen und so einen persönlicheren Zugang finden. Die Methode eignet sich vor allem bei philosophischen und literarischen Texten und demnach sehr gut für die Parabel vom Pinguin und den Giraffen.

M3: Wir entdecken unsere *reizvolle* Umgebung
Wir leben in einer Welt voller Reize! Wie es ist, wenn man die Reize nicht ausblenden kann und alle gleich stark und gleichzeitig wahrnimmt, kann mit Hilfe eines Experimentes überprüft werden. Vielleicht entsteht daraus ja auch eine Projektidee, um die Schule reizärmer und damit für alle angenehmer zu gestalten.

M4: Entspannen Sie mit Ihren Schülern: Atemübungen
Eine kleine Sammlung von Atemübungen, die allesamt erprobt sind und sich leicht in den Unterricht integrieren lassen. Sie brauchen dafür keine Materialien, nur Ihren Atem. Versuchen Sie es einmal: Sie werden sehen, wie Ihre Schüler mit Ihnen entspannen und ruhiger werden. Gerade für autistische Schüler ist dies eine gute Methode, um die vielen Reize verarbeiten zu können. Und Ihre Schüler können sie, wenn sie mit ihnen vertraut sind, auch im Unterricht ohne großes Aufheben selbst durchführen, wenn sie merken, dass ihre Energie schwindet.

Die Atem-Übungen habe ich in Entspannungskursen des Psychologischen-Beratungszentrum Iserlohn unter wunderbarer Anleitung erlernt.

M5: Entwurf des barrierefreien Lehrens und Lernens
Der Entwurf des barrierefreien Lehrens und Lernens als übersichtliches Modell.

M6: Planungsmatrix für eine Unterrichtseinheit nach dem Entwurf des barrierefreien Lehrens und Lernens
Die Matrix ist eine Hilfe, wenn Sie eine Unterrichtseinheit nach dem Entwurf des barrierefreien Lehrens und Lernens planen möchten. Sie hilft Ihnen, die Übersicht zu behalten - bei der Planung und bei der Durchführung.

M7: Der Dreischritt des Kooperativen Lernens
Um den Dreischritt immer vor Augen zu haben, können Sie diese „Erinnerung" auf Ihren Kalender kleben, auf das Pult in Ihrer Klasse kleben, vergrößernd kopieren und in Ihrer Klasse aufhängen oder...

M8: Mein Fahrplan für die Lernaufgabe
Teil eins des „Fahrtenbuches“ der Schüler zur Protokollierung ihres Lernprozesses. Der Fahrplan bezieht sich auf die Lernaufgabe und damit auf die gesamte Unterrichtseinheit. Grundlage ist Hatties Feedback-Modell.

M9: Meine Lernstrecke
Teil zwei des „Fahrtenbuches“ der Schüler, der sich auf die einzelnen Unterrichtsstunden bezieht. Es ist ein Reflexionsbogen, der den Lernprozess der Schüler nachzeichnet und sie erkennen lässt, was sie bereits gut können und wo sie noch Schwierigkeiten haben.

M10: Im Team: Themenzentrierte Interaktion
Beantworten Sie die Fragen nach der Lektüre des Ratgebers. Sie helfen, die gemeinsame Arbeit im kollegialen Team hinsichtlich des Unterrichtens von autistischen Schülern weiterzuentwickeln.

M11: Was ist in *meinem* Kopf los?
Sie haben anschaulich und viel darüber erfahren, was im Kopf eines autistischen Schülers los sein kann - gerade, wenn er schweigt. Aber was ist eigentlich in *Ihrem* Kopf nach der Lektüre des Ratgebers los?

M12: Im Team: Wertschätzendes Interview
Ihr Einsatz und Engagement für Ihre autistischen Schüler hat schon viel bewegt, was Sie an einer gemeinsam erstellten „Landkarte der Gelingensbedingungen“ ablesen können. Diese Landkarte hilft Ihnen, auch in schwierigen Situationen nicht die Hoffnung und den Mut zu verlieren und weist Ihnen den Weg. Sie werden Sie beständig weiterentwickeln.

M 1

DIE PARABEL VOM PINGUIN UND DEN GIRAFFEN

Es war einmal eine Savanne, in der zwischen den Giraffen ein Pinguin lebte. Der Pinguin wurde aber nicht als solcher erkannt, weil er genauso wie die Giraffen aussah.
Niemand - auch er selbst nicht - wusste, dass er eigentlich ein Pinguin und keine Giraffe war. Die Giraffen und der Pinguin verstanden einander nicht so richtig, sie wussten ja nicht um ihre Unterschiedlichkeit. Rein äußerlich waren sie nicht zu unterscheiden. Sie identifizierten sich selbst und den jeweils anderen als Giraffe und dachten natürlich, dass sie einander auch innerlich glichen. Der Pinguin aber kam sich, je älter er wurde, irgendwie komisch vor, weil er nicht so fühlte wie die anderen Giraffen. „Ich bin doch auch eine Giraffe, wieso komme ich nicht mit den anderen Giraffen klar? Was mache ich bloß falsch?", fragte er sich ein ums andere Mal verzweifelt. Irgendwann, nach einer langen Leidenszeit, kam er zu einer Oase und erkannte im Spiegelbild der Wasserstelle, dass er ein Pinguin war! „Na so was", rief er erstaunt und zugleich erleichtert aus. Sollte das die Antwort auf all seine Probleme sein?
Er erzählte allen Giraffen seiner Umgebung von seiner Entdeckung: „Hey, ich bin ein Pinguin! Ich bin gar keine Giraffe." Sie antworteten: „Dann wird ja jetzt alles gut!" Äußerlich blieb der Pinguin eine Giraffe. Die anderen Giraffen sahen auch weiterhin in ihm Ihresgleichen.
Das war ja auch gar nicht so ganz falsch, denn schließlich waren sie alle Tiere. Nun glaubten die Giraffen jedoch, dass es dem Pinguin mit diesem Wissen endlich gelingen würde, einer von ihnen, eben eine echte Giraffe zu werden. Galten die Pinguine nicht als die Meister der Anpassung? Aber der Pinguin wurde keine Giraffe. Er fühlte sich stärker denn je als Seevogel unter Paarhufern und wurde nun auch äußerlich mehr und mehr ein Pinguin. Er konnte den Giraffen nicht mehr folgen und sie erkannten ihn nicht wieder. Das war eine verzwickte Situation. Schließlich war der Pinguin ganz alleine. Da gesellte sich eine sehr weise Giraffe zu ihm, beugte sich zu ihm herunter und fragte ihn, warum er so traurig sei. Der Pinguin erklärte es ihr. „Du brauchst eine andere Umgebung, dir fehlt das Wasser", sagte die weise Giraffe. „Was soll mir das denn bringen? Ich bin nichts wert als Pinguin in der Welt der Giraffen", erwiderte er. „Hm", machte die weise Giraffe. „Weißt du was? Es gibt noch viel mehr Tierarten, nicht nur Giraffen und Pinguine. Auch die Giraffen selbst sind höchst unterschiedlich, schau sie dir einmal genau an. Und jedes Tier hat eben andere Bedürfnisse." „Aber die Giraffen sind die höchsten landlebenden Tiere. Dagegen bin ich doch nur ein kleiner, schräger Vogel, der nicht einmal fliegen kann. Mich nehmen die doch gar nicht ernst. Ich kann nichts in ihrer Welt", beharrte der Pinguin. Aber auch darauf wusste die weise Giraffe eine Antwort: „Ja, du bist anders. Und ja, du brauchst andere Dinge. Du kannst nicht durch die Luft fliegen, aber du fliegst geradezu durch das Wasser, in einer atemberaubenden Geschwindigkeit! Hast du jemals eine Giraffe so durch das Wasser schwimmen sehen?" Der Pinguin überlegte und schüttelte dann den Kopf. „Man kann nicht sagen, dass dieses oder jenes Tier mehr oder weniger wert ist. Alle Tiere sind unterschiedlich, aber gleich viel wert", fuhr die weise Giraffe fort. Das leuchtete dem Pinguin ein, aber konnte er ihr glauben?
Sie selbst war doch auch eine Giraffe und hatte daher gut reden. „Aber ich kann in der Savanne nicht leben. Wie soll das gehen?", klagte er herzzerreißend. Die weise Giraffe schaute ihn lange an und meinte dann: „Du bist klug genug, um das selbst herauszufinden. Wenn du magst, begleite ich dich ein Stück auf deinem Weg." Meinte sie das ernst? Dass er als Pinguin in der Welt der Giraffen einen Platz haben sollte und sich eine Umgebung, nämlich seine Umgebung so gestalten könnte, dass er sich dort wohl fühlen würde?

Arbeitsmaterial aus: *„Lehrerratgeber für Kinder im Autismus-Spektrum - Warum verstehen mich meine Lehrer nicht?";* von Kohl/Meer-Walter/Peinel; erschienen im Verlag Daniel Funk, Gera, 2020

M 1

„Nicht nur das", meinte die weise Giraffe. „Du kannst dein Wissen nutzen, um den anderen Pinguinen zu helfen, ebenfalls ihren Platz in der Welt der Giraffen zu finden. Und all den anderen Tieren, die keine Giraffen sind. Stell dir das einmal vor: Wäre das nicht eine wunderbare Welt?" Der Funke ihrer Begeisterung sprang auf den Pinguin über. Mit der weisen Giraffe zusammen fand er heraus, was er außer dem Wasser noch benötigte. In dem Moment, in dem der Pinguin anfing, seine Umgebung für sich passend zu gestalten, kamen einzelne Giraffen zu ihm und schauten ihm dabei interessiert zu. Sie hatten sogar den einen oder anderen wertvollen Tipp für den Pinguin und guckten sich selbst einiges von ihm ab und übertrugen es in ihre Welt. Zum ersten Mal verstanden sie einander. Die weise Giraffe sagte zu dem Pinguin: „Du brauchst jetzt meine Hilfe nicht mehr. Ich werde weiterziehen.

Du schaffst das von nun an allein!" Mit diesen Worten drückte sie dem Pinguin einen Stein, der ihn an seine Kraft und seine Aufgabe erinnern sollte, in die Hand und ging. Der Pinguin wusste jetzt, was seine Aufgabe war: „Ich will all den anderen Pinguinen, die sich unter den Giraffen befinden, helfen, ihre Umgebung so zu gestalten, dass es ihnen gut geht, und den Giraffen erklären, was uns Pinguine von den Giraffen unterscheidet und warum wir andere Bedürfnisse haben. Aber genauso will ich uns beiden zeigen, dass wir auch viele Gemeinsamkeiten haben und dass wir, wenn wir uns zusammentun statt einander auszugrenzen, zusammen eine Welt schaffen können, in der wir uns beide wohl fühlen und uns aufeinander verlassen können." Fortan setzte er sich dafür ein, dass die Giraffenkinder mit den Kindern der anderen Tiere zusammen in eine Schule gingen und sie alle gemeinsam - voneinander - lernten. Er unterstützte die Giraffenlehrer, die Pinguinkinder richtig kennen und verstehen zu lernen. Schließlich war er selbst einmal ein Giraffenlehrer gewesen und wusste, dass es nicht einfach war, weder für die Pinguinkinder noch für die Giraffenlehrer. Aber es funktionierte. Und wenn der Pinguin nicht gestorben ist, dann schreibt er bis heute kluge Parabeln über das Zusammenleben von Giraffen und Pinguinen...

Aus: Stephanie Meer-Walter: Den inneren Suizid besiegen. Mein Leben trotz, gegen, MIT Asperger-Autismus.- Gera: Verlag Daniel Funk 2020, S. 302ff.

M 2

FRAGERUNDE

Es gibt verschiedene Möglichkeiten, mit einem Text umzugehen. Eine spannende Alternative ist die Fragerunde, weil ihr hierbei zu Detektiven werdet. Ihr bekommt keine vorgegebenen Fragen, sondern könnt euch erst einmal ganz unvoreingenommen mit dem Text beschäftigen. Ihr selbst stellt Fragen an den Text und folgt dabei euren Interessen.
Eure Fragen werden in der Fragerunde von euren Mitschülern beantwortet beziehungsweise diskutiert. Setzt euch hierfür **zu dritt** zusammen.

Die Fragerunde besteht aus **drei Durchgängen.** In jedem Durchgang werden eure Fragen besprochen. Jeder Gruppenteilnehmer stellt jeweils seine Fragen an die anderen.

Runde 1 (= Anforderungsbereich I): Hier geht es um Fragen, deren Antworten direkt im Text zu finden sind.

Runde 2 (= Anforderungsbereich II): Nun stellt ihr Fragen nach Zusammenhängen innerhalb des Textes. Die Antworten auf diese Fragen findet ihr nicht mehr wörtlich im Text, sie ergeben sich aus dem Textzusammenhang.

Runde 3 (= Anforderungsbereich III): Jetzt geht es darum, über den Text insgesamt oder einzelne Aspekte des Textes zu urteilen und zu reflektieren. Eure - begründete - persönliche Meinung ist gefragt.

Abschließend besprecht ihr eure Fragen - vor allem die Fragen, die ihr nicht einstimmig beantworten konntet - im **Plenum**.

EA — Lies den Text. Unterstreiche, was dir wichtig erscheint, oder mach dir Notizen am Rand des Textes.

Nimm die Vorlage zur Fragerunde und überlege dir zwei Fragen aus dem Anforderungsbereich I.

GA — Fragerunde 1: Stellt euch gegenseitig eure Fragen und beantwortet sie.

EA — Nimm die Vorlage zur Fragerunde und überlege dir zwei Fragen aus dem Anforderungsbereich II.

GA — Fragerunde 2: Stellt euch gegenseitig eure Fragen und beantwortet sie.

EA — Nimm die Vorlage zur Fragerunde und überlege dir zwei Fragen aus dem Anforderungsbereich III.

GA — Fragerunde 3: Stellt euch gegenseitig eure Fragen und beantwortet sie.

M 2

VORLAGE ZUR FRAGERUNDE

Anforderungsbereich I

W-Fragen, z.B.

- Wer?
- Wie?
- Was?
- Wann?
- Wo?
- Warum?
- Woher?
- Weshalb?
- Wieso?
- Wozu?
- ...

Anforderungsbereich II

Zusammenhänge, z.B.

- Was ist die Ursache von...?
- Welche Folgen hat...?
- Erläutere...
- Analysiere...
- Was bedeutet...?
- Wie hängt ... mit ... zusammen?
- Wodurch unterscheiden sich...?
- Wie wird... begründet?
- ...

Anforderungsbereich III

Beurteilen u. reflektieren, z.B.

- Wie beurteilst du...?
- Welchen Gedanken/Aspekten stimmst du (nicht) zu?
- Warum?
- Wie beurteilst du...?
- Kann man etwas aus dem Text lernen? Was?
- Hat der Text etwas mit dir zu tun? Wieso (nicht)?
- Kennst du das, was in dem Text beschrieben wird?
- Beeinflusst der Text dein zukünftiges Handeln? Inwiefern?
- ...

Was ihr sonst noch mit dem Text anstellen könnt:

- Fertigt Illustrationen zum Text an.
- Schreibt ein Theaterstück auf der Grundlage des Textes.
- Erstellt eine Textcollage aus den wichtigsten Sätzen und Wörtern des Textes.
- Erstellt ein Standbild zu einzelnen Aspekten des Textes.
- Stellt einzelne Inhalte des Textes pantomimisch dar.
- Schreibt einen Brief an eine Person aus dem Text.
- Fügt euch selbst als neue Person in den Text ein.
- Schreibt einen Brief an den Autor des Textes.
- Erstellt ein Video zum Text.
- Gestaltet ein Poster zum Text.
- Schreibt einen eigenen Text und nutzt diesen Text als Vorlage.
- ...

M 3

WIR ENTDECKEN UNSERE *REIZVOLLE* UMGEBUNG

In der Schule seid ihr von vielen Reizen umgeben. Das Gehirn sortiert sie nach ihrer Bedeutung und filtert sie. Deshalb seid ihr in der Lage, Reize auszublenden und könnt euch zum Beispiel in der Pause auf das Gespräch mit eurem Freund oder eurer Freundin konzentrieren. Was um euch herum passiert, nehmt ihr nur am Rande wahr. Das ist schon eine gute Fähigkeit des Gehirns. Denn wer will schon alles im Detail wahrnehmen?
Das würde verdammt anstrengend werden.

Macht doch einmal die Probe - hier und jetzt

Nehmt in **vier Schritten** eure Umgebung mit all euren Sinnen wahr:

EA

1. Was hörst du?
   Schließe für eine Minute deine Augen und achte auf jedes einzelne Geräusch.

2. Öffne deine Augen wieder:
   Was siehst du? Schau dich um und nimm jedes Detail auf.

3. Was spürst du? Was fühlst du?

4. Was riechst du?

PA

Tausche dich mit deinem Sitznachbarn über deine Eindrücke aus:

- Was habt ihr alles wahrgenommen?
- Wie war die Übung für euch?

PL

Besprecht eure Erfahrungen im Plenum.

Ihr habt bestimmt sehr viel mehr wahrgenommen als sonst. Euer Gehirn filtert nämlich viele Reize und blendet die unwichtigen aus.

Bei autistischen Menschen ist das anders. Ihrem Gehirn fehlt dieser Reizfilter. Sie nehmen alles gleich intensiv wahr und das immer, in jedem Moment! Die Geräusche sind gleich laut, die Umgebung wird bis ins kleinste Detail gescannt, die Atmosphäre intensiv gefühlt - ob sie wollen oder nicht. Ganz schön schwierig, dabei konzentriert zu bleiben, nicht wahr?

M 3

Ein Tag in der Schule - welche Reize strömen auf euch ein?

Bastelt euch ein Buddy-Book, das ihr einen Schultag lang in eurer Hosentasche bei euch tragt. Achtet an diesem Tag ganz besonders auf eure Umgebung. Haltet stichpunktartig fest, was ihr im Unterricht und in den Pausen wahrnehmt:

1. Kommt es zu **Berührungen** mit euren Mitschülern? Wann? In welcher Form? Beabsichtigt oder unfreiwillig?
2. Was **riecht** ihr?
3. Was **hört** ihr?
4. Was **seht** ihr?

Besprecht im Unterricht gemeinsam, was ihr alles wahrgenommen habt und wie der Tag für euch war.

Überlegt zusammen, welche Reize zu viel waren. Was stört euch, im Klassenraum, im Unterricht? Welche Reize behindern euch in eurer Konzentration? Was könnt ihr selbst ändern? Wo braucht ihr Unterstützung?

Projektidee: „Reizarme Schule!"

Für viele Kinder, nicht nur für autistische Schüler, ist die Schule ein Ort mit zu vielen Reizen. Darunter leiden die Konzentration und auch die Gesundheit. Es ist nicht nur der Lärmpegel, der oftmals viel zu hoch ist. Es sind auch grelles Licht, zu viele verschiedene Materialien, fehlende Rückzugsräume und ähnliches, die das Leben von Schülern und Lehrern in der Schule schwer machen.

Wie wäre es also, wenn ihr euch gemeinsam überlegt, wo ihre eure Schule reizärmer gestalten könnt, um so für alle das Lernen leichter zu machen? Was braucht ihr, um euch wohl zu fühlen in der Schule?

Sammelt Ideen zum Thema „reizarme Schule!" und überzeugt eure Mitschüler und Lehrer. Befragt auch Experten zu dem Thema. Zusammen könnt ihr viel erreichen!

Entspannen Sie mit Ihren Schülern: Atemübungen

Grund-Übung: Mit dieser Übung fangen Sie stets an

Stell dich bitte hin und richte dich auf... deine Füße stehen hüftbreit auseinander, also so weit, dass deine Hand dazwischen passt - nicht weiter... stell dir vor, eine Schnur an deinem Kopf würde dich nach oben ziehen, so dass du eine gerade, aufrechte Haltung einnimmst... deine Knie knicken etwas ein und du ziehst den Bauchnabel ein, damit kein Hohlkreuz entsteht... achte nun auf deine Füße... sie berühren den Boden mit ihrer ganzen Fläche... du machst deine Zehen lang... du verlagerst dein Gewicht auf die Außenseiten und die Fersen deiner Füße...

Lass deine Schultern fallen... ziehe dein Schultern mit dem Einatmen nach oben, halte einen Moment inne... und lass sie mit dem Ausatmen wieder fallen... wiederhole dies noch zweimal... es ist, als ob alle Last von dir abfällt... kein schwerer Rucksack mehr... sei einfach nur da und spüre dich...

Nun konzentrierst du dich auf deinen Atem... wenn du magst, schließe deine Augen... wenn nicht, suche dir einen Punkt im Raum, den du fixierst... beobachte dein Atmen... atme jetzt durch die Nase tief in den Bauch ein und durch den Mund wieder aus... lege deine Hände auf deinen Bauch und spür, wie er sich beim tiefen Einatmen hebt und beim Ausatmen wieder senkt... atme noch drei Mal tief ein und aus... Öffne wieder deine Augen.

Sie können es schon bei dieser Grund-Übung belassen. Fragen Sie Ihre Schüler ruhig auch, wie es ihnen dabei ergangen ist, was sie empfunden und gespürt haben.

Sie können auch noch weitere Übungen anschließen. Die folgenden Übungen sind erprobt und nicht schwierig. Sie können frei wählen. Die Übungen bauen nicht aufeinander auf und können getrennt voneinander durchgeführt werden. Es empfiehlt sich nur, zunächst mit der Grund-Übung zu beginnen, um sozusagen „aufzuwärmen".

Unterstütztes tiefes Ein- und Ausatmen: Loslassen

Drücke deine Hände wie bei einem Gebet vor deiner Brust (deinem Oberkörper) zusammen... beim Einatmen drückst du sie kräftig gegeneinander und beim Ausatmen löst du den Druck wieder... deine Schultern bleiben unten... deine Hände bleiben aber oben und zusammen... einatmen - drücke deine Hände fest gegeneinander... ausatmen - und loslassen... wiederhole diese Atemübung drei Mal.

Lass deine Arme fallen und schüttel sie aus.

Nimm deine Arme wieder vor deine Brust (deinen Oberkörper) und hake deine Finger ineinander: deine Finger krümmen sich leicht, so dass die Finger deiner beiden Hände sich ineinander haken können... beim Einatmen ziehst du deine Arme auseinander, so fest du kannst, hältst sie aber durch deine ineinander gehakten Hände zusammen... beim Ausatmen lässt du den Druck wieder los... deine Hände bleiben oben und deine Finger ineinander gehakt... einatmen - ziehe deine Arme so fest du kannst auseinander... ausatmen - und loslassen... wiederhole diese Atemübung drei Mal.

Lass deine Arme fallen und schüttel sie aus.

Überkreuze deine Unterarme vor deinem Körper und verschränke die Finger deiner Hände ... hebe deine Arme auf Schulterhöhe... beim Einatmen ziehst du deine Arme so fest du kannst von deinem Oberkörper weg nach vorne... blicke dabei nach unten... beim Ausatmen lässt du den Druck wieder los... behalte die Stellung deiner Arme und Hände... einatmen - ziehe deine Arme so fest du kannst von deinem Oberkörper weg nach vorne... ausatmen - und loslassen... wiederhole diese Atemübung drei Mal.

Lass deine Arme fallen und schüttel sie aus.

Verschränke deine Arme nun hinter deinem Rücken und lege deine Hände ineinander... deine Arme bleiben unten und lang... beim Einatmen ziehst du so fest du kannst deine Arme nach hinten vom Körper weg und hebst sie dabei so weit wie möglich an... beim Ausatmen lässt du den Druck wieder los... lass deine Arme wieder nach unten sinken, die Hände bleiben aber ineinander gelegt... einatmen - ziehe deine Arme so fest du kannst nach hinten vom Körper weg und hebe sie dabei so weit wie möglich an... ausatmen - und loslassen... wiederhole diese Atemübung drei Mal.

Fünf-Minuten-Auszeit: Gedanken loslassen

Stellen Sie einen Timer auf fünf Minuten ein. Lassen Sie leise im Hintergrund sanfte Entspannungsmusik laufen.

Setz dich bequem auf deinen Stuhl hin... deine Füße berühren den Boden... deine Beine sind nicht übereinander geschlagen... leg deine Hände auf deine Oberschenkel... mach dich so locker wie du kannst... zieh auch noch einmal deine Schultern hoch und lass sie fallen... wenn du magst, schließe deine Augen... du darfst jetzt fünf Minuten nichts machen... diese fünf Minuten sind ganz allein für dich... du hast keine Aufgaben... du hast keinen Druck... keiner möchte etwas von dir... der Lehrer stellt dir keine Fragen... achte auf deinen Atem... konzentriere dich einzig auf dein Atmen... wenn du durch deine Gedanken abgelenkt wirst, ist das nicht schlimm... die Gedanken kommen und gehen... lass sie wie Wolken weiterziehen... nimm sie zur Kenntnis, aber bewerte sie nicht... lass sie los und weiterziehen... achte wieder auf deinen Atem.

Nun lassen Sie die Zeit fünf Minuten laufen und intervenieren nicht - es sei denn, es wird nötig, weil ein Schüler Probleme bekommt.

Auspendeln: Beim Atmen die Sorgen abschütteln

Atme tief ein und strecke dabei deine Arme so hoch wie du kannst nach oben... stell dir vor, du wolltest einen Apfel von einem Baum pflücken... beim Ausatmen lässt du deine Arme fallen und beugst deinen Oberkörper nach unten... lass nun deine Arme pendeln... wiederhole diese Atemübung noch drei Mal... nimm wieder die Grundhaltung ein... pendel deine Arme... vor und zurück... oder seitwärts... pass deine Pendelbewegungen deinem Atem an... pendel also nur so schnell, wie du atmest... jede Bewegung, jeder Pendelausschlag entspricht dem Ein- oder Ausatmen...

Führen Sie die Übung so lange durch, bis Sie das Gefühl haben, dass alle Schüler in eine gleichmäßige Atmung und in ein gleichmäßiges Pendeln gekommen sind.

Den Körper abklopfen: Den emotionalen Staub abklopfen

Um locker und fit für die nächsten Aufgaben zu werden, klopfen wir erst einmal die letzten Stunden von uns ab... klopfe mit der rechten Hand deinen linken Arm ab... von oben nach unten... und von unten nach oben... klopfe mit der linken Hand deinen rechten Arm ab... von oben nach unten... und von unten nach oben... klopfe mit beiden Händen deinen Oberkörper ab... von oben nach unten... und von unten nach oben... klopfe nun mit beiden Händen dein rechtes Bein von vorne ab... von oben nach... und von unten nach oben... klopfe auch dein hinteres rechtes Bein mit beiden Händen ab... von oben nach unten... und von unten nach oben... jetzt klopfe mit beiden Händen dein linkes Bein von vorne ab... von oben nach unten... und von unten nach oben... klopfe auch dein hinteres linkes Bein mit beiden Händen ab... von oben nach unten... und von unten nach oben... zum Abschluss schüttel dich kräftig aus... deine Arme... deine Beine... deine Füße... wippe dabei leicht... und los geht's!

Klopfen der Thymusdrüse: Energiespender

Durch Klopfen können wir unsere Thymusdrüse, die für unsere Immunabwehr und unsere Energie wichtig ist, aktivieren. Die Thymusdrüse befindet sich in der Mitte des Brustkorbes hinter dem Brustbein. Klopfen Sie mit Ihren Schülern zusammen etwa eine Minute lang mit den Fingerspitzen - mit allen oder auch nur einzelnen - oder Ihrer Faust sanft auf diesen Punkt. Die Zeitangabe ist nur ein Richtwert. Machen Sie es solange, wie es Ihnen beziehungsweise Ihren Schülern gut tut.

Sie können diese Technik zum Beispiel gemeinsam vor Klassenarbeiten oder anderen Leistungsüberprüfungen, vor schwierigen Aufgaben oder Herausforderungen - jedweder Art - anwenden. Ihre Schüler können diese Übung aber ebenso gut alleine für sich in den Situationen durchführen, die für sie schwierig sind, wenn sie eine Unterstützung und den Glauben, dass sie es schaffen werden, benötigen. Um diesen Effekt zu stärken, können Sie beim Klopfen ein gemeinsames Mantra wie „Ich schaffe das!“ oder „Ich bin ganz ruhig!“ aufsagen, oder die Schüler überlegen je für sich ein eigenes Mantra.

M 5

ENTWURF DES BARRIEREFREIEN LEHRENS UND LERNENS

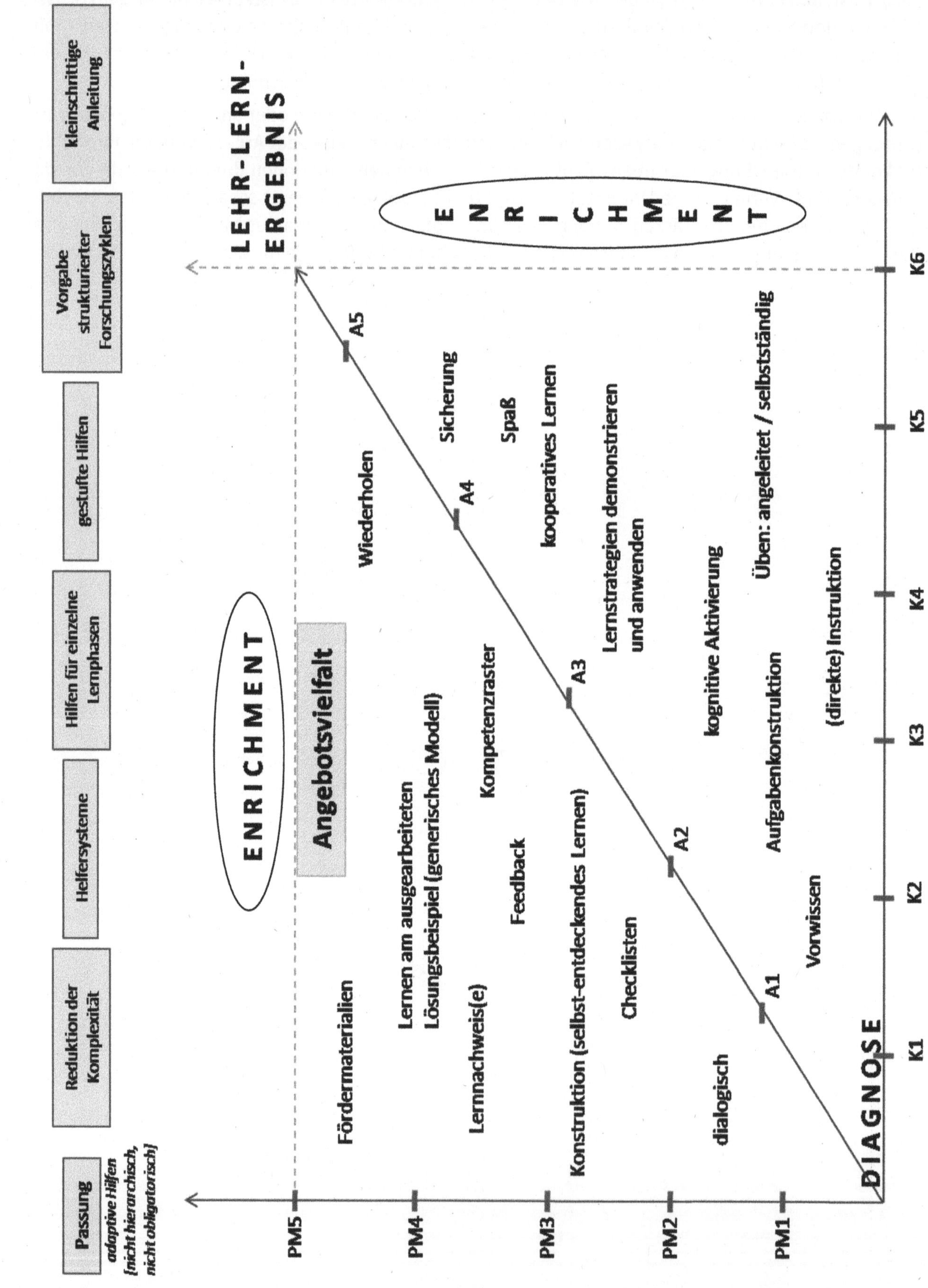

M 6

PLANUNGSMATRIX FÜR EINE UNTERRICHTSEINHEIT NACH DEM ENTWURF DES BARRIEREFREIEN LEHRENS UND LERNENS

L-L-P-P = Lehr-Lern-Prozess-Phase
A LZ = Affektive Lernziele
PM LZ = Psychomotorische Lernziele

L-L-P-P	Was? (fachlicher Inhalt)	Wie? (Methodik)	Womit? (Material)	Lehr-Tätigkeit
1 Wissen				
A LZ				
PM LZ				
2 Verstehen				
A LZ				
PM LZ				
3 Anwenden				
A LZ				
PM LZ				

M 6

4 Analysieren				
A LZ				
PM LZ				
5 Synthetisieren				
A LZ				
PM LZ				
6 Evaluieren				
A LZ				
PM LZ				

Der Dreischritt des Kooperativen Lernens

1) Denken

- alleine -

2) Austauschen

- zu zweit -

3) Vorstellen

- zusammen -

Arbeitsmaterial aus: „*Lehrerratgeber für Kinder im Autismus-Spektrum - Warum verstehen mich meine Lehrer nicht?*“; von Kohl/Meer-Walter/Peinel; erschienen im Verlag Daniel Funk, Gera, 2020

M 8

Mein Fahrplan für die Lernaufgabe*

Lernaufgabe

Was muss ich machen?

1. Wohin gehe ich?

Meine Ziele:

2. Wie komme ich voran?

Meine Fortschritte:

3. Wohin geht es als Nächstes?

Meine nächsten Herausforderungen:

* Nach Hattie, John (2017): *Lernen sichtbar machen für Lehrpersonen*. Überarbeitete deutschsprachige Ausgabe von Visible Learning for Teachers besorgt von Wolfgang Beywl und Klaus Zierer.- Baltmannsweiler: Schneider Verlag Hohengehren, S. 132ff.

M 9

Meine Lernstrecke

Datum: __________

Aufgaben

Welche Aufgaben habe ich bearbeitet?

Kompetenzbereiche

Was musste ich in den Aufgaben machen?

Schwierigkeitsgrad

Was fiel mir leicht? Warum fiel es mir leicht? Was kann ich nämlich schon?

Wo habe ich Schwierigkeiten gehabt? Was genau konnte ich nicht?

Habe ich die Schwierigkeiten bewältigen können?

Wie habe ich sie bewältigt?

Diese Frage(n) habe ich noch:

M 10

Im Team: Themenzentrierte Interaktion

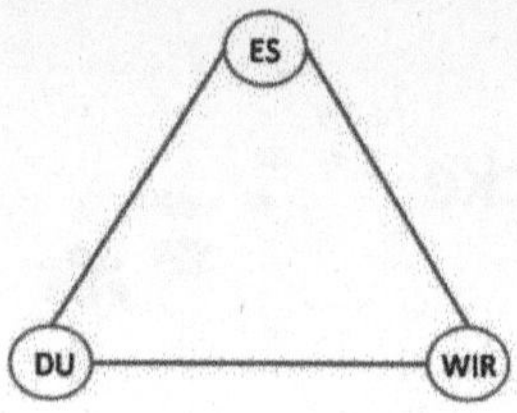

Es Habe ich noch Fragen zum Thema? Sind die Erklärungen verständlich? Sind die Tipps und Hinweise hilfreich?

Ich Wie fühle ich mich momentan? Worüber ärgere bzw. freue ich mich? Was fehlt mir und was wünsche ich mir?

Wir Wie können wir als Kollegium zusammenarbeiten und gemeinsam Verbesserungen für alle Beteiligten erreichen?

M 11

Was ist in *meinem* Kopf los?

Wenn Sie an den Unterricht mit Ihren autistischen Schülern denken:

Welche Gedanken haben Sie? Schreiben Sie einfach drauf los...

Wie fühlen sich Ihre Gedanken an? z.B. angenehm, komisch, weiß nicht so recht, wie eine dunkle Wolke...

Wo und wie fühlen Sie das Beschriebene in Ihrem Körper?
z.B. Schwindel im Kopf, eine Leichtigkeit im Brustkorb, als ob mir der Hals zugedrückt wird...

Welche Gefühle verstecken sich dahinter? z.B. Angst, Freude, Unsicherheit, Mut...

Wenn es negative Gefühle sind: Was brauchen Sie, damit es Ihnen besser geht?

Wenn es positive Gefühle sind:
Können Sie die Faktoren/Bedingungen nennen, warum es Ihnen gut geht?

M 12

Im Team: Wertschätzendes Interview

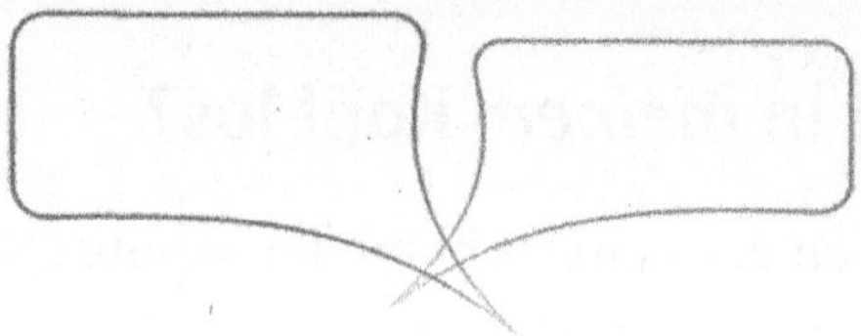

Wichtig: Bleiben Sie ausschließlich beim Positiven!

Einzelarbeit:
Wann in der Vergangenheit war ich im Umgang mit meinen autistischen Schülern (besonders) erfolgreich?
Was habe ich konkret gemacht?
Worauf bin ich dabei (besonders) stolz?

Partnerarbeit:
Tauschen Sie sich mit einem Kollegen aus und schildern Sie einander genau die erfolgreichen Situationen oder Momente aus der Vergangenheit.
Thematisieren Sie auch die damit verbundenen Gefühle (siehe M11).

Im Team:
Stellen Sie die gelungenen Situationen und Momente kurz vor und arbeiten Sie gemeinsam die Gelingensbedingungen heraus.

Erstellen Sie gemeinsam eine **„Landkarte der Gelingensbedingungen"** und halten Sie Ihre Erfolge fest, um sich daran erinnern zu können und um sich damit Mut zu machen für schwierigere Phasen. Vielleicht hilft Ihnen ja, wenn Sie immer mal wieder einen Blick darauf werfen. Und sicherlich werden Sie sie nach einem Schulhalbjahr weiter ergänzen können.

Bereits im Verlag Daniel Funk erschienen...

„Asperger mein Leben zwischen Intelligenz und Gefühlsleben ... aber ich habe gelernt damit umzugehen!" LEO M. KOHL

ISBN: 978-3-9820542-0-9

Ein junger Asperger-Autist erzählt über die Höhen und Tiefen, die er in den letzten achtzehn Jahren erlebt hat. Mit Humor, beschreibt er seine chaotische Familie, seinen Werdegang in der Schule, zugleich die Entwicklung der eigenen Persönlichkeit. Dabei kommen nicht nur die Familienmitglieder zu Wort, sondern auch Freunde und ehemalige Mitschüler. In vielen emotional geladenen Momenten, versucht er seine eigene Welt in diesem Buch darzustellen. Er möchte zwischen „normalen" und andersdenkenden Menschen vermitteln sowie Betroffenen, Eltern und Pädagogen Mut machen und ihnen zeigen, dass diese Kinder nicht so kompliziert sind, wenn man lernt, mit ihnen umzugehen. Ganz oft können alle voneinander lernen.

Das Buch bietet neben vielen interessanten Einblicken in das Gedankenchaos und die psychischen Probleme eines Aspis, auch fundierte Grundlagen zu der Besonderheit.

Aussprechen worum es geht!? LEO M. KOHL / FRANCA PEINEL

„Warum mögen mich die anderen Kinder nicht?" Elternratgeber für Kinder im Autismus-Spektrum

Softcover ISBN: 978-3-9820542-7-8

Leo M. Kohl erhält, nach einer Odyssee durch den Psychologendschungel, mit knapp 9 Jahren die Diagnose Asperger Autismus. Schnell wird klar, auch seine Mutter liegt im Spektrum.

Der 20-jährige Psychologiestudent und seine Mutter hatten schon immer eine besondere Bindung zueinander. Sie konnten sich gegenseitig verstehen und mitfühlen. In diesem Buch geben sie Tipps und Denkanstöße, wie man mit Kindern im Autismus Spektrum umgehen kann. Mit der Beschreibung zahlreicher Beispiele aus den letzten zwanzig Jahren zeigen sie neue Wege auf, um nichtautistischen Eltern die Welt ihrer Kinder näher zu bringen. Wie sie die vielen Anforderungen gelöst haben, macht Mut. Sie zeigen, dass Vieles mit der Annahme der Situation und einem gewissen Maß an Gelassenheit erreicht werden kann, ohne die Schwierigkeiten zu beschönigen. [...]

Verborgene Intelligenz – auf der Suche nach Verständnis LARS SCHMITZ

Ein Asperger-Autist kämpft sich vom Förderschüler zum Abiturienten

Softcover ISBN: 978-3-949831-10-2

Immer wieder stellt sich Lars Schmitz die Frage, wie sein Leben hätte verlaufen können, wenn er kein Asperger-Autist wäre und er nicht Wochen in der Psychiatrie hätte verbringen müssen. Der Autor erlebte viele schreckliche und verletzende Zeiten in Panik, Einsamkeit, Angst und Ausgrenzung. Narben, die unter anderem Schule und Klinik hinterließen.

Überfordert von sozialen Kontakten wurde er als aggressiv und dumm abgetan. ‚Geparkt' auf einer Förderschule, weil das Verhalten nicht angemessen war und niemand seine Intelligenz erkannte. Menschenmassen, Körperkontakt oder Gefühle kann er nur schwer aushalten. Er kann zwar nicht über seine Gefühlswelt reden, jedoch verleiht er ihr in seinen Büchern, Dramen, Gedichten, Serien und Liedern Ausdruck.

Kann ein einzelnes Mosaiksteinchen ein ganzes Leben beeinflussen?

Das Leben, Autismus und die Villa Kunterbunt GABRIELE SCHMITT-LEMBERGER

Softcover ISBN: 978-3-9821736-6-5

G. Schmitt-Lemberger, Jahrgang 1973, erfuhr erst mit Mitte dreißig, dass sie von Mutter Natur mit dem ‚Triple' Asperger-Autismus, ADHS und Hochbegabung ‚gesegnet' wurde. Sie ist verwaiste Mama, verwitwet und alleinerziehende Mama eines einfallsreichen frühkindlichen Autisten mit ADHS und PTBS.

Sie erzählt aus dem gemeinsamen Leben mit ihrem Sohn, wie sie das alltägliche Chaos in der Villa bezwingt und auf kreative Art immer wieder eine Lösung für jedes Problem findet.

Obwohl der Weg der Autorin und ihres Sohnes von vielen Schicksalsschlägen geprägt wurde, bestreiten die beiden ihren Alltag oftmals mit Humor und Verständnis, was sich auch in ihren Texten widerspiegelt.

Besonders im Bereich frühkindlicher Autismus ist sie in der Aufklärung aktiv und dolmetscht zwischen autistischen Kindern und ihren Bezugspersonen.

In diesem Buch beschreibt sie ausführlich die Besonderheiten ihres Sohnes, was es damit auf sich hat und wie man ‚autistengerecht' damit umgehen kann.

Kuller-System

Gut durch den Tag kommen und auf sich achten.

Ein System zur Visualisierung der eigenen Energiereserven - Körpergefühl erlernen und kommunizieren mit dem Kuller-System.

Das System wurde von Leo M. Kohl, Franca Peinel und Stephanie Meer-Walter, zur Visualisierung der eigenen Energie, entwickelt. Es war ursprünglich nur für autistische Kinder angedacht, da uns oft das abstrakte Vorstellungsvermögen fehlt. Mit dem System können wir wunderbar abschätzen, was uns anstrengt und was uns Energie dazu gewinnen lässt. Und wann wir eine Ruhepause brauchen und kurz vor dem Overload stehen. Schnell haben wir bemerkt, dass, wenn die Eltern oder Lehrer unser System auch benutzen, die Kinder ganz einfach erkennen, wie es dem Gegenüber geht und so können sie agieren und auch Rücksicht nehmen.

Wie funktioniert das Ganze?

Der Benutzer hat zu Tagesbeginn einen Beutel mit verfügbarer Energie und steckt im Laufe des Tages mit jeder Aktion, die Kraft kostet, Kugeln je nach Anstrengung in den Beutel mit verbrauchter Energie. Dazu führt der Nutzer ein Tagebuch, um im Nachgang auswerten zu können, was ihm Kraft geraubt hat und was ihm Energie zurückgegeben hat.

Im Unterricht oder auch zu Hause können die Kugeln aus dem Beutel mit der verfügbaren Energie auf das Holzbrettchen gelegt werden, so dass alle sehen können, wie es dem Benutzer geht.
Nutzen auch andere das Kuller-System, kann auch der eigentliche Nutzer besser verstehen, wie es seinen Mitmenschen geht, da beispielsweise vielen Autisten das abstrakte Vorstellungsvermögen fehlt.

Infos unter: www.kuller-system.de
erhältlich unter: www.verlag-daniel-funk.de

Autismus leben dürfen

Schulungen, Vorträge und Seminare von und über Autismus

Sie brauchen Experten, die Ihnen erklären, wie Sie Asperger-Autisten in den Schulalltag inkludieren können? Oder möchten Sie einen autistischen Mitarbeiter in Ihre Firma/Schule aufnehmen?

Dann sind Sie bei uns genau richtig. Wir können Ihnen neue Wege aufzeigen.

Wir mussten keine Lehrgänge besuchen. Nein, wir ***SIND*** Asperger-Autisten und leben mit dieser Besonderheit. Wir sind also ein Experten-Team.

Was macht unser Team so einzigartig?

Es gibt keine Patentlösung für die perfekte Inklusion, denn Inklusion hat viele Facetten.
Wir als Asperger-Autisten können ein Stück dazu beitragen, ein besseres Miteinander zu ermöglichen. Unser Team klärt über Autismus auf und zeigt, wie wir die Welt wahrnehmen.

Bei uns erhalten Sie einen Einblick in die Gedanken von Autisten aus erster Hand, da wir bereits unser ganzes Leben Erfahrungen gesammelt haben.

Leo M. Kohl bringt seine Erfahrung aus den Bereichen Therapie und Schule ein. Er ist selbst Asperger-Autist, freiberuflicher Autor sowie Autismus-Berater und er studiert derzeit Psychologie.

Seine, Mutter Franca Peinel, bringt ihre Erfahrungen als Mutter von drei Kindern ein. Ebenso aus ihrer Arbeitswelt bis zu ihrer Diagnose und von dem Gefühl immer fehl am Platz zu sein. Sie ist, wie ihr Sohn, Asperger-Autistin, freiberufliche Autorin, Lektorin und Autismus-Beraterin.

Für Fragen oder Buchungen, schreiben Sie uns einfach unter:
beratung@autismus-leben-duerfen.de
weitere Informationen unter:
www.autismus-leben-duerfen.de